Rund die Hälfte aller Schulabgänger ist heute nicht in der Lage, die Anforderungen des Berufslebens zu erfüllen. Ihnen fehlen nicht nur Grundkenntnisse in Mathematik und Deutsch, sondern Arbeitshaltung, Sinn für Pünktlichkeit, Erkennen von Strukturen und Abläufen sowie eine angemessene Frustrationstoleranz. Die Eltern sind ratlos und machen das Schulsystem und die Lehrer verantwortlich. Doch der Grund ist ein anderer. Eltern behandeln Kinder heute wie kleine Erwachsene oder suchen in ihnen Liebe und Anerkennung. Über diese Projektion hinaus gehen Erwachsene immer häufiger eine symbiotische Beziehung zu ihren Kindern ein. Beides stellt eine heillose Überforderung dar. Die Psyche vieler Heranwachsender kann sich deshalb nicht normal entwickeln. Sie sind vollkommen auf sich selbst bezogen, es fehlt ihnen an Empathie, an Einsicht in die Notwendigkeit von Regeln und, viel dramatischer, an der Fähigkeit, Beziehungen einzugehen. Michael Winterhoff nennt die Gründe für diese fatale Entwicklung. Aus seiner Sicht liegen bei vielen Kindern und Jugendlichen eine schwere Beziehungsstörung und eine verzögerte seelische Reifung vor, weil keine altersgemäße Entwicklung ihrer emotionalen und sozialen Psyche stattgefunden hat. Sie verharren, entwicklungspsychologisch gesehen, auf der Stufe des Kleinkinds. Nur wenn diese Einsicht Einzug in die pädagogischen Konzepte von Kindergärten und Schulen hält, werden am Ende junge Menschen den Anforderungen des modernen Arbeitslebens und unserer Gesellschaft gerecht werden.

MICHAEL WINTERHOFF, geboren 1955, ist Humanmediziner und Psychotherapeut mit langjähriger Praxiserfahrung als Kinder- und Jugendpsychiater. Mit seinem Bestseller »Warum unsere Kinder Tyrannen werden« (2008) löste er eine heftige Erziehungsdebatte aus. Wie bei seinen früheren Büchern hat ihn wieder der Journalist Carsten Tergast als Koautor unterstützt.

Michael Winterhoff

SOS
Kinderseele

Was die emotionale und soziale
Entwicklung unserer Kinder gefährdet –
und was wir dagegen tun können

*In Zusammenarbeit
mit Carsten Tergast*

btb

Verlagsgruppe Random House FSC® N001967
Das für dieses Buch verwendete FSC®-zertifizierte
Papier *Lux Cream* liefert Stora Enso, Finnland.

2. Auflage
Genehmigte Taschenbuchausgabe April 2015
btb in der Verlagsgruppe Random House, München
Copyright © 2013 by C. Bertelsmann Verlag, München,
in der Verlagsgruppe Random House GmbH
Umschlaggestaltung: semper smile, München nach einem
Umschlagentwurf von buxdesign, München
Druck und Einband: CPI – Clausen & Bosse, Leck
SK · Herstellung: sc
Printed in Germany
ISBN 978-3-442-74881-5

www.btb-verlag.de
www.facebook.com/btbverlag
Besuchen Sie auch unseren LiteraturBlog www.transatlantik.de!

Inhalt

Warum leben wir, wie wir leben? 7

Die emotionale und soziale Entwicklung
der menschlichen Psyche 25

Denkverbote. Warum so oft um den
heißen Brei herumgeredet wird 49

Die Kinder von heute sind die
Erwachsenen von morgen 59

Schule: Stress für 75 Prozent der Mütter 65

Exkurs: Wertschätzung 73

»Wir denken doch vom Kind aus!« –
Wie Kindergärten sich selbst in die
Falle hineinmanövrieren 79

Neues aus der Sparte »Wie Kinder gesehen werden« 101

Schule in der Zwickmühle – Wie der
Bildungserfolg zwischen überforderten Lehrern,
fehlgeleiteten Eltern und nicht altersgemäß
entwickelten Schülern zerrieben wird 113

Wenn Betriebssystem und Programme inkompatibel sind.
Oder: Warum sich die emotionale und soziale Psyche
nicht bildet   139

Wir müssen aufhören, die Kinder zu betrügen!   159

Mut zum Ungehorsam: Warum Kindergärten und
Schulen gut daran täten, nicht jeden Trend
mitzumachen   183

Epilog. Oder: Was zu tun ist   201

Von den Tyrannen zur emotionalen Intelligenz –
Was ich mit meinen Büchern bezwecke   209

Quellennachweise   217

Register   219

Warum leben wir, wie wir leben?

In einer deutschen Großstadt, an einem Sonntag im November 2012. Ein Siebzehnjähriger, wir wollen ihn Dennis nennen, und sein elfjähriger Bruder Nick ziehen am Wochenende los. Allerdings nicht, um Freunde zu treffen, Sport zu treiben oder sonst irgendeiner harmlosen Beschäftigung nachzugehen. Nein. Ihr Ziel ist ein Baumarkt in der Nähe ihres Elternhauses. Sie haben von zu Hause einen Seitenschneider und ein Brecheisen mitgenommen, mit denen sie sich Zutritt zum Baumarkt verschaffen können.

Genau das machen sie auch: Die beiden Jungen versuchen, in den Baumarkt einzubrechen, um ganz gezielt eine Motorsäge zu stehlen, weil sich der Motor dieses Geräts optimal für Bastelarbeiten des Siebzehnjährigen an seinem Kart eignet.

Es kommt, wie es kommen muss. Dennis und Nick werden auf frischer Tat ertappt, ein Anwohner ruft die Polizei, die beiden werden festgenommen und verhört. Die Eltern – es handelt sich um eine unauffällige, gut situierte Familie – sind entsetzt und ratlos. Da sie unsicher sind, wie sie mit dieser belastenden Situation umgehen sollen, landet Dennis schließlich bei mir in der Sprechstunde.

Im Gespräch wird schnell klar, dass hier kein typisches »Problemkind« vor mir sitzt. Der Junge geht aufs Gymnasium, ist in einigen Fächern Einserschüler, die Familie ist, soweit von außen zu beurteilen, intakt. Beide Eltern kümmern sich um die schulischen Belange der Kinder und um ihr sonstiges Wohlergehen. Kurz gesagt: Alle Gründe, die sonst oft genug herhalten müssen, um solche Straftaten scheinbar zu »erklären«, fallen weg: keine Drogenproblematik, kein schwaches soziales Umfeld, kein Migrationshintergrund.

Als ich Dennis zu den Gründen für seine Tat befrage, erklärt er mir mit nüchternen Worten, wozu er den Motor der Säge brauchte und dass er den kleinen Bruder mitgenommen habe, weil er bei seinem Vorhaben Hilfe benötigte. Er erklärt mir sogar die technischen Details des Motors und inwiefern dieser für seinen fahrbaren Untersatz von Wert ist.

Worüber er nicht redet: den Straftatbestand des Einbruchs und dass er seinen kleinen Bruder mit in die Sache hineingezogen hat. Er zeigt keinerlei Reue, keine Problemeinsicht und keine Angst vor den Folgen.

Dieses Verhalten lässt sich mit der fehlenden emotionalen und sozialen Entwicklung des Jungen erklären: Dennis steht auf der Stufe eines kleinen Kindes und lebt somit in der Vorstellung, er sei mehr oder weniger allein auf der Welt und könne alles und jeden steuern und bestimmen. Bei einer altersgerechten Ausprägung des emotionalen und sozialen Anteils der Psyche wäre dieser Vorfall kaum möglich gewesen.

Dass die Entwicklung des wichtigsten Anteils unserer Psyche bei immer mehr Kindern und Jugendlichen auf der Strecke bleibt, ist neu. Überraschend wird für die meisten sein, dass diese Entwicklung unabhängig von der Frage der Erziehung stattfindet oder, wie bei Dennis zu sehen ist, eben nicht stattfindet.

Trotz seiner siebzehn Jahre fehlt dem Jungen bei nachgewiesener bester Intelligenz und hervorragender Erziehung ein Unrechtsbewusstsein. Obwohl er also eigentlich weiß, dass man nicht stehlen darf, ist er nicht in der Lage zu verstehen, dass er eine Straftat begangen hat. Er ist überhaupt nicht fähig, die Konsequenzen, sowohl für sich als auch für seinen Bruder, einzuschätzen. Er ist auch nicht fähig, das Risiko einzuschätzen, das er einging, als er am helllichten Tag mit einer riesigen Zange an einem Zaun herumwerkelte. In seinem Bewusstsein musste er sich darüber keine Gedanken machen, da er sich, eben ganz wie ein kleines Kind, allein auf der Welt wähnte. Und wer allein ist, kann nicht gesehen werden, während er eine Straftat verübt.

Neben dem nicht vorhandenen Verständnis für diese Zusammenhänge fehlt Dennis jegliche Empathie im Verhältnis zu seinem kleinen Bruder. Die Tatsache, dass er diesem erhebliche Schwierigkeiten gemacht, ihn zu einem Einbruch angestiftet hat, belastet ihn genauso wenig wie die Folgen, die seine Tat für ihn haben würde. Dass die polizeilichen Ermittlungen und die zu erwartende Strafe sich auf die nähere Zukunft negativ auswirken könnten, hatte er nicht im Blick.

Für ihn ließ sich die Sache ganz logisch aus dem benötigten Motor und der dafür notwendigen Hilfe des Bruders erklären. Damit war alles gut. Punkt. Aus.

Solche Begegnungen und die Feststellung, dass vergleichbare Fälle sich in alarmierendem Maße häufen, war

2008 einer der Auslöser für die Publikation meines ersten Buches *Warum unsere Kinder Tyrannen werden*, in dem ich die Beziehungsstörungen zwischen Erwachsenen und Kindern analysiere. Seitdem hat die Welt nicht stillgestanden. Ich habe eine Menge Diskussionen geführt, es gab sehr viel Zustimmung, aber natürlich auch Widerspruch. Die beschriebenen Phänomene jedoch haben während dessen weiter an Häufigkeit zugenommen.

Ich muss also feststellen, dass es keinen Grund zur Entwarnung gibt. Ich schreibe meine Bücher, weil ich mir als Kinderpsychiater große Sorgen um die Kinder und Jugendlichen der heutigen Zeit mache. Diese Sorgen sind in den vergangenen Jahren nicht geringer geworden. Im Gegenteil: Nach wie vor sind viele Kinder in ihrem Verhalten in einer Art und Weise auffällig, die es bis vor etwa fünfundzwanzig Jahren kaum gegeben hat. Die Zahl der massiven motorischen und sprachlichen Schwierigkeiten im Kindergarten und in der Grundschule steigt. Immer mehr Kinder beschäftigen immer mehr Ergotherapeuten, Logopäden oder Psychotherapeuten, denn sie haben erhebliche Schwierigkeiten im Bereich Lernen und – nicht zuletzt – im Bereich der sozialen Kompetenz. Sie konzentrieren sich in der Schule nicht, dafür aber im Freizeitpark oder vor dem Computer. Sie zeigen kein Interesse am Erlernen der grundlegenden Kulturtechniken wie Lesen, Schreiben und Rechnen, strengen sich nicht an und erkennen keine Strukturen und Abläufe. Hinzu kommen ausgeprägte Rücksichtslosigkeit und Leistungsverweigerung.

Ein weiteres erschreckendes Resultat dieser Fakten ist der erhebliche Anstieg der Verschreibung von Psychopharmaka im Kinder- und Jugendbereich. Zwar sollte hier nicht jeder Einzelfall infrage gestellt werden, medikamentöse Behandlungsmethoden sind bisweilen notwendig. Trotzdem bedeuten die steigenden Verordnungszahlen ein Signal in die falsche Richtung. So manches Medikament könnte eingespart werden, wenn man nicht vorrangig das Symptom, wie etwa fehlende Konzentration in der Schule, sehen würde, sondern die Ursache. Da diese häufig darin liegt, dass sich die Psyche des Kindes nicht entwickeln konnte, sind die daraus entstehenden Probleme nicht wirklich durch die Einnahme von Tabletten zu lösen. Das Fatale an der medikamentösen Behandlung ist indes: Nach außen erscheinen viele dieser Kinder nach Jahren mit enormen Auffälligkeiten im Verhalten oft als »geheilt«, weil es durch die Psychopharmaka zumindest zu einer zeitweiligen Unterdrückung der groben Symptome kommt. Das führt zu Aussagen wie jener einer Grundschullehrerin in der Zeugniskonferenz einer zweiten Klasse: »Seit Harald diese Medikamente nimmt, ist er im Unterricht bedeutend ruhiger geworden und arbeitet besser mit. Das ist wirklich eine gute Sache!«

Im Hinblick auf die Ruhe im Unterrichtsraum mag das im ersten Moment stimmen. Für das betroffene Kind und seine weitere Entwicklung ist diese Sichtweise fatal, handelt es sich dabei doch immer häufiger um eine massive Selbsttäuschung. Hintergrund der Unruhe vieler Kinder in der Schule ist eben nicht eine hirnorganische Störung, sondern eine Entwicklungsstörung im Bereich der Psyche. So mag das Symptom der Unruhe und Konzentrationsschwäche erfolgreich behoben sein, nicht aber die Ursache.

Wer wissen will, was das Ergebnis solch einer Selbsttäuschung ist, muss nur mit Menschen sprechen, die in der Wirtschaft mit Mitarbeitern zu tun haben. Das sind etwa mittelständische Unternehmer, die guten Nachwuchs in komplexer werdenden Märkten brauchen, oder Personalchefs. Sie führen täglich Vorstellungsgespräche, die bisweilen an Absurdität kaum zu überbieten sind. Da tragen Bewerber noch das Ausgeh-Outfit vom Wochenende, kommen ohne Grund eine halbe Stunde zu spät oder wissen erkennbar nichts über die Stelle und die Firma, um die es in der Bewerbung geht. In *Persönlichkeiten statt Tyrannen* habe ich diese Entwicklung eingehend beschrieben.

Hier, an der Schnittstelle zwischen Schulkarriere und Arbeitsleben, wird die Misere am deutlichsten. Firmen klagen in zunehmendem Maße über nicht ausbildungsfähige Jugendliche, ganze Branchen suchen händeringend qualifizierten Nachwuchs. Es fehlen nicht nur Grundkenntnisse in Deutsch oder Mathematik, sondern vor allem auch sogenannte »soft skills« wie Arbeitshaltung, Umgangsformen, Sinn für Pünktlichkeit, Erkennen von Strukturen und Abläufen oder auch Frustrationstoleranz. Immer weniger junge Berufseinsteiger arbeiten ohne Murren, auch wenn es mal keinen Spaß macht, brechen selbst bei einfachen Arbeitsaufträgen lange Diskussionen vom Zaun und arbeiten selten zuverlässig selbstständig nach Anweisung. Wir haben daher eine steigende Zahl von Auszubildenden, die die Lehre abbrechen.

Wenn nicht rasch erkannt wird, dass in den meisten Fällen dahinter kein Unwille, sondern Unvermögen aufgrund der fehlenden psychischen Entwicklung dieser Heranwachsenden steht, wird sich Deutschland als Industrienation, die

Unternehmen von Weltrang mit entsprechend qualifizierten Mitarbeitern hervorbringt, mittelfristig selbst abschaffen. Deshalb sollten wir uns in Kindergarten, Schule und Ausbildungsbetrieben für diese Entwicklung unserer Kinder und Jugendlichen verantwortlich fühlen. So viele gut ausgebildete Fachkräfte kann auch aus dem Ausland niemand ins Land holen wie gleichzeitig bei uns wegbrechen. Zumal die von mir beschriebenen Probleme in der Entwicklung von Kindern und Jugendlichen in allen Industrieländern zu beobachten sind. Böse gesagt: Es gibt nicht nur deutsche Kinder, die zu nicht lebenstüchtigen Erwachsenen werden, es gibt auch englische, französische, spanische, schwedische und viele mehr.

Unter anderem durch den Blick über die Grenzen und die Feststellung, dass andere Länder ähnliche Probleme haben, lässt sich auch schnell erkennen, dass wir es hier nicht unbedingt mit einer grundsätzlichen Krise des Bildungssystems zu tun haben. Eine solche ließe sich vielleicht ansatzweise beheben, indem man etwa skandinavische oder kanadische Modelle adaptiert, wie es gern gefordert wird.

Die Krise, über die ich spreche und schreibe, ist eine Krise der emotionalen und sozialen Entwicklung von Kindern und Jugendlichen, die ihre Auswirkungen logischerweise im Bereich des Bildungswesens zeigt. Nicht altersgemäß entwickelte Kinder können zwar gute schulische Leistungen erbringen, wie ja auch das Beispiel von Dennis zeigt. Dies allerdings nur dann, wenn sie sich für diese Leistungen nicht großartig anstrengen müssen. Sie laufen jedoch an irgendeiner Stelle – bei Dennis ist es das Sozialverhalten – auf eine Art und Weise aus dem Ruder, die sich auch nicht mehr mit kindlichem Übermut, gelegentlichem Frechsein oder später mit der Pubertät begründen lässt. Dabei ist im Beispiel noch nicht einmal der Einbruch selbst das Hauptproblem, sondern die fehlende Einsicht in die Konsequenzen und die fehlende Empathie im Hinblick auf den kleinen Bruder Nick.

Der Schlüssel zu einer nachhaltigen Veränderung der misslichen Situation bei vielen Kindern, die mir in meiner Praxis täglich begegnen, liegt in der emotionalen und sozialen Psyche des Menschen. Hinter den Auffälligkeiten der meisten Kinder, die heute zu mir kommen, steht als Ursache eine nicht ihrem Alter entsprechende Entwicklung dieser Psyche. Sie sind auf der Stufe von Kleinkindern stehen geblieben, eine Tatsache, die mir seit Ende der Neunzigerjahre begegnet. Diese Entwicklung hat nichts mit der herkömmlichen Frage von Erziehung zu tun.

Wenn wir uns nämlich die Frage stellen, warum wir leben können, wie wir heute in den meisten Fällen noch miteinander leben – friedlich und bisweilen freundschaftlich –, dann lautet die wichtigste Antwort darauf: weil wir eine entwickelte Psyche im Bereich der emotionalen und sozialen Kompetenz besitzen. Aufgrund unbewusster Beziehungsstörungen vieler Erwachsener Kindern gegenüber findet die Entwicklung der Psyche bei immer mehr Kindern nicht mehr statt. Da muss der Blick hin, damit wir die emotionale und soziale Psyche entwickeln und stärken können.

Eine Grundlage für funktionierendes Zusammenleben und Ausdrucksform emotionaler und sozialer Kompetenz ist etwa die Empathie, also die Fähigkeit, sich in andere einfühlen zu können. Empathie ist beispielsweise wichtig für unsere Wahrnehmung anderer Menschen. Sie lässt uns erkennen, was unser Gegenüber fühlt oder braucht, und wir handeln entsprechend.

Empathie ist jedoch längst nicht das Einzige, was die Entwicklung der emotionalen und sozialen Psyche nach außen sichtbar macht. Dazu gehören diverse weitere Dinge wie Arbeitshaltung, Verantwortungsbewusstsein oder eine erkennbare Gewissensinstanz, also beispielsweise ein ausgeprägtes Unrechtsbewusstsein.

Junge Menschen, deren emotionale und soziale Entwicklung so große Defizite aufweist wie oben beschrieben, werden auf dem Arbeitsmarkt keine Chance haben, weil sie nicht in der Lage sind, einen kompletten Arbeitstag mit seinen Anforderungen und Anstrengungen durchzustehen. Sie werden große Schwierigkeiten in Beziehungen zu anderen Menschen bekommen, weil sie sich auf diese kaum noch einstellen können. Das Leben von Heranwachsenden wie Dennis ist nur noch auf den Moment ausgerichtet, es geht ihnen um eine sofortige Lustbefriedigung. Ein vorausschauendes Denken, das etwa auch die Fähigkeit zur Zurückstellung von Bedürfnissen beinhaltet, ist ihnen nicht möglich. Dennis wäre normalerweise gar nicht auf die Idee gekommen, eine Säge zu klauen. Er hätte es auch ausgehalten, dass sein Kart defekt ist und er einige Tage nicht fahren kann. Er hätte vielleicht die Motorsäge vom ersparten Geld finanziert, wäre dafür arbeiten gegangen oder hätte den nächsten Geburtstag oder Weihnachten abgewartet.

Wenn wir den Mangel in der emotionalen und sozialen Entwicklung nicht rasch erkennen und mit geeigneten

Maßnahmen gegensteuern, droht uns langfristig ein Phänomen wie das der japanischen Hikkikomori – Jugendliche, die quasi nur noch auf ihrem Zimmer leben und so lange »glücklich« sind, wie dort ein Fernseher steht, die Internetverbindung funktioniert und der Kühlschrank gefüllt ist. Diese Generation wird es nicht mehr als Erfüllung empfinden, aktiv zu sein, etwas zu erleben, was emotionalen Mehrwert bringt, sondern die Erfüllung wird im ultimativen »Chill-out« liegen, der sich auf den kompletten Alltag erstreckt. Es droht eine Generation, die ein imaginäres »Bitte nicht stören«-Schild an der Stirn hängen hat.

Empathie, Arbeitshaltung, Frustrationstoleranz, auch die Fähigkeit, unterschiedliche Reize zu priorisieren, also nach Wichtigkeit einzuteilen – all diese wichtigen Grundlagen des Lebens, die nur durch eine entwickelte soziale und emotionale Intelligenz möglich werden, sind keine Eigenschaften, die der Mensch von Geburt mitbekommt. Sie entwickeln sich langsam und machen den Menschen schließlich erst zu einem sozialen Wesen. Leider scheint es so zu sein, dass immer weniger Kinder und Jugendliche mit den Menschen in ihrem Umfeld in diesem Sinne umzugehen verstehen.

Die Frage, die wir uns stellen müssen, lautet: Sind wir Erwachsene so weit, dass wir uns diesem Problem unvoreingenommen stellen? Oder wollen wir uns weiterhin darauf beschränken, bei jedem Hinweis auf Hintergründe für eine emotionale Verarmung junger Menschen reflexartig mit dem Verweis auf die eigene Jugend zu reagieren? Denn das ist das beliebteste Argumentationsmuster, um die von mir angestoßene Debatte gar nicht erst führen zu müssen. »Wir waren früher auch mal frech!«, »Ich habe als Jugendlicher jede Menge Mist gebaut, und aus mir ist trotzdem etwas geworden!«, »Wir haben doch auch oft keine Lust gehabt und uns geweigert, etwas zu machen!« Solche und ähnliche Argumente werden angeführt, um zu beweisen, dass die Lage so dramatisch nicht sein könne. Gern wird dann zum Schluss noch Sokrates bemüht, der gesagt haben soll:

> »Sie [die heutige Jugend] hat schlechte Manieren, verachtet die Autorität, hat keinen Respekt vor den älteren Leuten und schwatzt, wo sie arbeiten sollte. Die jungen Leute stehen nicht mehr auf, wenn Ältere das Zimmer betreten. Sie widersprechen ihren Eltern und tyrannisieren ihre Lehrer.«

Wenn es also Null-Bock-Jugendliche schon in der Antike gab: Wo ist unser Problem? Haben nicht die Menschen recht, die alles für halb so schlimm halten? Ich meine, nein. Die in den genannten Zitaten aufscheinende Abwehrhaltung gegen eine unbequeme, aber gleichwohl notwendige Diskussion hat in den letzten Jahren leider nicht abgenommen. Deshalb ist es sinnvoll, die Grundlagen dieser Diskussion zu schärfen und sie endlich vom Kopf auf die Füße zu stellen. Der Blick muss weg von der Pädagogik, hin zur Entwicklungspsychologie.

Wir müssen also aufhören, uns über pädagogische Modelle und Unterrichtsmethoden die Köpfe heißzureden, solange wir nicht bereit sind zu verstehen, dass Kinder, denen die emotionale und soziale Reife für Kindergarten und

Schule fehlt, keinem dieser Modelle, keiner dieser Methoden gewachsen sind. Diese Kinder werden sonst das soziale Miteinander in unserer Gesellschaft auf Dauer sprengen. Spürbar ist das schon jetzt immer öfter, wenn deutlich wird, dass Kinder, die ohne eigene Schuld nicht die Möglichkeit hatten, sich altersgemäß zu entwickeln, von Erwachsenen als nervig empfunden und entsprechend negativ gesehen werden. So kommen Aussagen wie diese zustande, die der *Focus* aus einem Leserbrief zitiert:

> »Die Leserin S.Z. sieht Jugendliche in Deutschland als notorische Nörgler, die ›keinen Bock‹ auf Pflichtbewusstsein haben. Der Leistungsdruck würde herbeigeredet. ›Vor 15 Jahren sah es für junge Leute auf dem Arbeitsmarkt weit schlechter aus als heute. Damals haben Noten noch wirklich eine Rolle gespielt, wenn man weiterkommen wollte.‹ Heute hingegen dächten Schulen darüber nach, das Sitzenbleiben abzuschaffen. ›Wir züchten eine Generation unselbstständiger, verzogener und chronisch unzufriedener Menschen heran, die immer dann mosern, wenn der Spaß an einer Sache zurückbleibt.‹«[1]

Es ist im Übrigen eine große Gefahr, wenn die Kluft zwischen den Generationen breiter wird, weil heutige Erwachsene sich abwenden und gar keine Lust mehr empfinden, die Zustände zu ändern. Erwachsene sind jedoch dringend notwendig, um die Entwicklung der emotionalen und sozialen Kompetenzen von Kindern zu ermöglichen.

Doch wie entwickelt sich eigentlich die emotionale und

soziale Psyche im Kindesalter? Was müssen wir Erwachsenen beachten, damit Kinder in ein normales Zusammenleben von Menschen hineinwachsen und mit zunehmendem Alter selbstbewusst ihren Platz im Leben finden?

Zunächst möchte ich an zwei kleinen Beispielen zeigen, welche Folgen eine emotionale und soziale Nichtentwicklung haben kann. Wie immer handelt es sich auch hier um reale Fallbeispiele, selbst wenn es auf den ersten Blick wirken mag, als könnten sie nur erfunden sein.

Maximilian, vierzehn Jahre alt, ist ein gut erzogenes und intelligentes Kind und besucht das Gymnasium. Mittelschichtfamilie, die Eltern leben getrennt. Als die Mutter mit ihm zu mir in die Praxis kommt, schildert sie mir, dass er seit etwa einem Jahr nicht mehr zu kontrollieren sei. »Er hört nicht auf mich«, berichtet sie mir ratlos, fast verzweifelt, während Maximilian stumm und trotzig neben ihr sitzt. »Er beschimpft mich mit zum Teil äußerst vulgären Ausdrücken, er geht und kommt, wann er will, vor Kurzem ist er sogar über Nacht weggeblieben, ohne mir vorher Bescheid zu sagen! Und einmal hat er mich sogar mit einem Messer bedroht. Vielleicht ist das ja die Pubertät?«

Nein, ist es nicht. Aber dazu später.

Nach der Messerattacke kam Maximilian in eine Jugendschutzstelle. Das ist eine Möglichkeit, Jugendliche, die nicht mehr zu Hause bleiben können, ohne Wartezeit extern unterzubringen und ihnen durch Fachkräfte zu helfen. Aus dieser entfernte er sich jedoch ständig, sodass er zuletzt nur noch in einer Notunterkunft für Jugendliche über Nacht bleiben konnte. Dort werden Jugendliche aufgenommen, die jede Hilfe ablehnen. Man versucht hier, an sie heranzukommen und Einsicht zu erreichen, sodass sie sich anschließend auf eine wirkliche Hilfsmaßnahme einlassen.

Auch in diesen Einrichtungen zeigte Maximilian keinerlei Respekt. Er bedrohte die Erzieher, und wenn er unterwegs war, dann meist gemeinsam mit anderen kriminellen Jugendlichen; Rauchen, Kiffen und Alkohol waren normal. Auch zu Körperverletzungen, Raub und Diebstahl kam es bereits, die Polizei hatte ihn mehrfach aufgegriffen und zur Jugendschutzstelle zurückgebracht.

Als ich nun den Jungen mit seiner Mutter, die ihn von der Einrichtung abgeholt hatte, vor mir sehe, bin ich ob der Vorgeschichte aus den Akten überrascht. Maximilian wirkt smart, auch jünger, keineswegs unterdurchschnittlich intelligent, und auch die gute Erziehung, die er bekommen hat, ist durchaus zu spüren.

Die Gespräche mit ihm sind jedoch ernüchternd. Er hat ob seines Lebenswandels keinerlei Gewissensbisse, zeigt null Problemeinsicht. Konfliktzusammenhänge zu erkennen, ist ihm trotz bester Intelligenz nicht möglich, stattdessen unterbricht er häufig das Gespräch und stellt Gegenfragen. Es ist offensichtlich, wie er versucht, sein Gegenüber, also in diesem Fall mich, zu steuern.

Im Verlauf des ersten Gesprächs prahlt er mit seinen Taten und sogar mit dem möglicherweise drohenden Arrest. Dass er sich selbst und zum Teil auch andere Menschen mit seinen Taten in Gefahr bringt, was seine Mutter fühlt und denkt: alles egal. Wenn er nicht bekommt, was er will, bedroht er andere Menschen.

Maximilian ist auch später in keiner Einrichtung länger zu halten, weil er immer wieder sich und andere in Gefahr bringt. Heute befindet er sich im Rahmen einer Intensivmaßnahme im Ausland, und es gibt erste Anzeichen, dass die besonderen Möglichkeiten dort für eine positive Entwicklung sorgen werden.

Dieser Fall, der extrem klingt, ist leider kein Einzelfall, auch die Häufigkeit solch heftiger Ausnahmen nimmt in einem Maße zu, dass man bald schon nicht mehr von Ausnahmen sprechen kann. Ich beschreibe ihn hier, weil er in vielerlei Hinsicht mustergültig zeigt, worüber ich spreche: Der Junge hat keinen schwierigen sozialen Hintergrund, kommt nicht aus einer »Unterschichtfamilie« (wie auch immer man diesen Begriff definieren mag). Es besteht kein Migrations- beziehungsweise kultureller Hintergrund, der für Schwierigkeiten sorgen könnte. Er ist leicht überdurchschnittlich intelligent, die Eltern haben sich auch nach der Trennung große Mühe mit der Erziehung gegeben.

Trotzdem gibt es hier nicht nur kleinere Probleme, sondern wir haben es auch mit einem massiv auffälligen Jugendlichen zu tun. Seine Taten und Aussagen lassen einen eigentlich verzweifelt nach Gründen im sozialen Background suchen, die man aber nicht findet. Dafür zeigt sich in extremer Form die Folge einer nicht vorhandenen emotionalen und sozialen Kompetenz aufgrund einer starken Entwicklungsverzögerung im Bereich der Psyche. Maximilian fehlen, genau wie Dennis, Empathie, Gewissensinstanz und Konfliktfähigkeit. Diese Fähigkeiten stehen nicht in direktem Zusammenhang mit Intelligenz und können deshalb auch nicht einfach beigebracht oder erlernt werden. Es nützt nichts, dem Jungen ins Gewissen zu reden und ihm zu erklären, warum er sich so nicht verhalten kann. Er wird es nicht verstehen.

Es gibt weitere Beispiele, die nicht mit Gewalt und Kriminalität verbunden sind, aber ebenfalls aus einer nicht vorhandenen sozialen Kompetenz entstehen. So etwa der des fünfzehnjährigen Bernhard, der seit etwa sieben Wochen nicht mehr zur Schule geht und dies ohne nähere Erläuterung damit begründet, es ergehe ihm dort schlecht. Die Eltern kommen mit ihm zu mir, damit ich herausfinde, was mit ihm los ist, und eine Therapie einleite.

Als ich im ersten Gespräch nach dem Tagesablauf daheim frage, stellt sich heraus, dass dieser fast jeden Tag gleich ist: Bernhard schläft lange, steht am späteren Nachmittag gegen 17.00 Uhr auf, setzt sich an seinen Computer und beginnt zu spielen und zu chatten. Das zieht sich durch die ganze Nacht. Wenn die Eltern morgens aufstehen, um zur Arbeit zu gehen, legt Bernhard sich ins Bett und schläft wiederum bis zum Nachmittag.

Als ich die Eltern frage, warum sie ihrem Sohn nicht den Computer wegnehmen, um zumindest mal wieder einen Anfang zu machen und einen Kontakt zu ihm zu bekommen, antworten sie ernsthaft, das sei nicht möglich, den habe er erstens selbst bezahlt, und zweitens brauche er ihn für die Schule. Auch der Hinweis darauf, dass Bernhard ja gerade wegen des exzessiven Computergebrauchs gar nicht in die Schule gehe und sie unter anderem deshalb zu mir gekommen seien, überzeugt sie nicht. Sie warten weiter darauf, dass ich herausfinde, was ihr Kind wohl Schlimmes in der Schule erlebt haben mag. Denn nur das könne schließlich der Grund für sein Verhalten sein.

Wenn ich diesen imaginären Grund dann gefunden habe, erwarten die Eltern von mir, dass ich etwas aus der Schublade zaubere, das für schnelle Heilung sorgt. Diese Therapie führt dann in der Vorstellung der Eltern dazu, dass das Kind wieder in die Schule geht und alles in Ordnung ist.

Diese Vorstellung beschreibt ein gravierendes Problem: Eltern in der Symbiose. Sie nehmen ihren Sohn nicht als Sohn und somit eigenständigen Menschen wahr, sondern als erkrankten Teil ihrer selbst. Und damit geht man natürlich zum Arzt, der ihn behandeln und heilen soll.

Das sind nur zwei Beispiele aus meiner Praxis von vielen, vielen ähnlichen und doch immer wieder unterschiedlichen Fällen. Was sie fast alle eint, ist ihr Hintergrund: eine nicht dem Alter entsprechend entwickelte emotionale Psyche.

Bevor ich dazu komme, welche Verantwortung Eltern, aber vor allem auch Kindergarten und Schule heute und in Zukunft für die Entwicklung und auch Nachreifung der kindlichen Psyche tragen, will ich skizzieren, wie wir uns die Entwicklung dieser Psyche in etwa vorstellen müssen.

Die emotionale und soziale Entwicklung der menschlichen Psyche

Wovon spreche ich eigentlich, wenn ich auf eine »nicht entwickelte emotionale Psyche« und die daraus entstehenden Probleme bei Kindern und Jugendlichen hinweise? Psyche kann man nicht sehen. Aus diesem Grund tun wir uns prinzipiell schwer damit, zu akzeptieren, dass im Bereich der Psyche etwas außerhalb des üblichen Zustands liegt. In den letzten Jahren hat sich im Erwachsenenbereich eine ausführliche Diskussion über psychische Veränderungen entwickelt. Es wird leidenschaftlich über Depressionen, Burn-out und Ähnliches diskutiert, dabei durchaus auch darüber, ob wir nicht mittlerweile schon zu leichtfertig eine psychische Störung diagnostizieren, wo es sich vielleicht nur um Stimmungsschwankungen handelt, denen jeder Mensch, auch mit einer gesunden Psyche, bisweilen unterliegt. Vor dem Hintergrund der Neufassung des *DSM (Diagnostisches und Statistisches Manual Psychischer Störungen),* einer Art »Bibel« der Diagnose psychischer Störungen, hat diese Diskussion Mitte 2013 einen neuen Höhepunkt erreicht. So schrieb der amerikanische Psychiater Allen Frances ein Buch »gegen die Inflation psychiatrischer Diagnosen« und kritisierte die erhebliche Ausweitung des *DSM*.

Ganz klar: Ich will nicht in Abrede stellen, dass Depressionen oder Burn-outs heute tatsächlich eine bedeutende Rolle spielen. Nicht zuletzt habe ich den Katastrophenmodus der Psyche beschrieben, der bei fehlenden Kompensationsmöglichkeiten sehr schnell in einen Burn-out münden kann. Dieser Katastrophenmodus, den ich bereits in *Lasst Kinder wieder Kinder sein* analysiert habe, greift nach meiner Beobachtung immer weiter um sich. Der Auslöser dafür ist Folgendes: Das Leben bietet immer mehr Erwachsenen keine sichere Perspektive, kein Gefühl, dass man sich darauf verlassen könne, in zwanzig Jahren werde immer noch alles einigermaßen in Ordnung sein. Stabilitätsfaktoren im privaten Umfeld wie der sichere Arbeitsplatz und eine Absicherung fürs Alter brechen weg, dazu kommt jeden Tag ein Feuerwerk an Negativnachrichten, die aufgrund der Menge und der meist unterschiedlichen Informationslage aus verschiedenen Quellen kaum noch eingeordnet werden können.

Die Psyche nimmt all das als dauerhaften Stresszustand wahr, als ständigen Katastrophenalarm. Sie stabilisiert sich auf diesem Niveau, und der Mensch verliert damit die Fähigkeit, an morgen zu denken und perspektivisch zu handeln, um die Zukunft zu gestalten.

Das Besondere an meiner Analyse der Überlastung unserer Psyche ist dann gerade die Gefahr der unbewussten Kompensation von Eltern über ihre Kinder. Der Erwachsene ist nicht mehr abgegrenzt vom Kind und dient nicht mehr als Orientierung für die Entwicklung. Seine Psyche verschmilzt mit der des Kindes. In der Folge werden die Kinder auf frühen Entwicklungsstufen fixiert.

Warum der Schlenker über die *DSM*-Debatte? Auch hier liegt der intensiven Diskussion das gleiche Problem zugrunde: Psyche kann man nicht sehen. Eine ärztliche Diagnose jedoch kann nur anhand greifbarer und beschreibbarer Faktoren vorgenommen werden, sodass man für jede psychische Störung einen Katalog solcher Faktoren erstellt hat, der erfüllt sein muss, bevor die Diagnose ergeht.

Diesen Katalog gibt es auch in meinem Fachgebiet. Es gibt in der Einschätzung der Störungsbilder von Kindern unterschiedliche Ansätze. Ich selbst arbeite tiefenpsychologisch. Die meisten Auffälligkeiten von Kindern sind im Verhältnis zu den Bezugspersonen und zur Gesellschaft zu beurteilen. Die Störungen lassen sich vor allem durch eine genaue Beobachtung der Kinder und Jugendlichen diagnostizieren: Wie verhalten sie sich im Erstkontakt, in einer Testsituation, bei der neurologischen Untersuchung oder auch bei einer Therapeutin im Gegensatz zu mir als männlichem Therapeuten?

Aus dieser Beobachtung und auch in Verbindung mit Testergebnissen wird eine Diagnose gestellt, die als Arbeitshypothese zu sehen ist. So haben sich für mich in den letzten zehn bis fünfzehn Jahren neue Erkenntnisse ergeben: Aufseiten der Kinder und Jugendlichen liegen heute im Gegensatz zu früher Entwicklungsverzögerungen im Bereich der emotionalen und sozialen Psyche vor. Das bedeutet, dass die meisten Kinder, die zu mir kommen, auf der Stufe von Kleinkindern stehen und immer noch die Vorstellung haben, sie könnten alles und jeden steuern und bestimmen.

Aufseiten der Erwachsenen liegen unbewusste Beziehungsstörungen vor: Sie sehen im Kind einen Partner oder kleinen Erwachsenen, wollen vom Kind partout geliebt werden oder befinden sich in einer Symbiose, einem Zustand, den ich an anderer Stelle noch erklären werde.

Im Vordergrund steht daher meine Beratung der Eltern mit dem Ziel, diesen ihre unbewusste Beziehungsstörung erkennbar zu machen und sie zu beheben. Anschließend erfolgt die Behebung der kindlichen Entwicklungsstörung durch die wieder in sich ruhenden Eltern selbst, weil die Beziehung zum Kind wieder intakt ist und die Psyche nachreifen kann. Eine medikamentöse Behandlung des Kindes steht daher nicht im Vordergrund und würde allein auch nicht die tatsächliche Störung beheben.

Die Kinder, über die ich hauptsächlich spreche, sind nicht krank. Ihre Psyche konnte sich nur nicht so entwickeln, wie es normalerweise der Fall gewesen wäre. Dieses »normalerweise« möchte ich in der Folge in groben Strichen skizzieren, damit Psyche ein wenig »sichtbarer« wird. Die Visualisierung erfolgt anhand einer auf dem Kopf stehenden Pyramide. So wird deutlich, wie sich Psyche im Laufe der Entwicklung immer stärker erweitert und damit leistungsfähiger wird. Und es wird klar, warum Kindern und Jugendlichen erst nach und nach immer mehr »zugemutet« werden kann, je älter sie werden. Denn machen wir uns nichts vor: Die Freiheit, Selbstständigkeit und Selbstverantwortung, die wir grundsätzlich als positiv empfinden, kann oft genug eine Zumutung sein. Manchmal hätten auch Erwachsene gern mehr Orientierung und Struktur. Dies gilt erst recht für Kinder, die den Schutz von Erwachsenen brauchen.

Meine Ausführungen basieren immer auf dem tiefenpsychologischen Entwicklungsmodell, das mit Sigmund Freud entstanden ist. Freud hatte die bahnbrechende Idee, dass psychische Störungen im Erwachsenenalter auf die Kindheit zurückzuführen sein könnten. Daraufhin wurden im zwanzigsten Jahrhundert Kinder über Jahrzehnte beobachtet. Man stellte fest, dass alle Kinder sich auf bestimmten Altersstufen gleich verhielten, obwohl sie über unterschiedliche Anlagen wie hohe oder niedrige Intelligenz, lebhaftes oder gemäßigtes Temperament verfügten und in unterschiedlichen Familien groß geworden waren. So gibt es auf dieser Welt, egal in welcher Kultur und unter welchen sozialen Bedingungen, keinen Säugling, der abwarten kann, also bereits eine entwickelte Frustrationstoleranz hätte.

Wenn ein Säugling Hunger hat, empfindet er das wie einen Schmerz, der Hunger tut weh. Daher schreit er. Er ist darauf angewiesen, dass der Erwachsene sich ihm unmittelbar zuwendet und ihn sättigt. Wenn die Mutter oder der Vater ihn mehrfach oder andauernd nicht rasch aus diesem unangenehmen Zustand »befreien«, dann schadet das seiner Psyche.

Aus dieser Beobachtung heraus haben bekannte Psychoanalytiker wie Freud, Adler, Jung, Erikson, Winnicott, Piaget und viele mehr Modelle entwickelt, wie sich unsere Psyche bildet. Um das auch dem Laien verständlich zu machen, habe ich, basierend auf den Erkenntnissen meiner berühmten Kollegen sowie auf meinen eigenen Beobachtungen und Erfahrungen, ein entwicklungspsychologisches Modell entworfen, das sich auf den folgenden beiden Seiten befindet.

Mit dieser Darstellung möchte ich ein Prinzip veranschaulichen, sie erhebt keinerlei Anspruch auf Vollständigkeit.
Durch die Entwicklung der emotionalen und sozialen Psyche erweitert sich die Wahrnehmung des Kindes bis hin zu unserer Erwachsenenwahrnehmung. Durch die erweiterte Wahrnehmung wiederum erweitert sich das Denken und Handeln des Kindes, es wird immer komplexer. Die Altersangaben sind dabei als Orientierung anzusehen.
Diese Entwicklung baut aufeinander auf, das bedeutet: Tritt ein Stillstand in der Entwicklung ein (Entwicklungsfixierung), kann das Kind, der Jugendliche höhere Stufen nicht mehr erreichen. Wahrnehmung und Denken verbleiben dann auf einer früheren, nicht altersgemäßen Stufe.

Alter	Wahrnehmung
Ab ca. 16 Jahren	**Berufsreife:** »Letzter« großer Entwicklungsschritt. Ich hinterfrage mich selbst, erkenne meine eigenen Schwachpunkte. Ich lerne jetzt für mich. Erweitertes perspektivisches Denken: Wie möchte ich später leben, was soll die Zukunft für mich bringen? Was will ich werden?
Ab ca. 15 Jahren	Eltern haben Schwächen und Fehler. Auch sie werden »entzaubert« und können infrage gestellt werden. Der Jugendliche erkennt: Ich bin ein Individuum, habe zunehmend eine eigene Meinung, einen eigenen Geschmack, habe Geheimnisse, öffne mich nicht mehr jedem.
Ab ca. 14 Jahren	Andere Menschen z.B. Lehrer, haben Schwachpunkte. Die Welt ist fehlerhaft. Was bisher absolute Gültigkeit hatte und zur Orientierung diente, wird nach und nach »entzaubert«.
Ab ca. 11–12 Jahren	Vertiefung von Freundschaften. Im Vordergrund steht das Interesse am Anderen, das Spiel gerät zunehmend in den Hintergrund.
Ab ca. 10 Jahren	Das selbstständige Denken weitet sich aus. Tieferes Interesse an Sachthemen, z.B. im Bereich Naturwissenschaften, Geschichte und Fremdsprachen.
Ab ca. 8 Jahren	Interesse an gesellschaftlichen Zusammenhängen und Abläufen, z. B.: Wie funktioniert eine Bank, eine Post, eine Bäckerei?

Ab ca. 6 Jahren	**Grundschulreife:** Lebendiges Interesse an den Kulturtechniken. Das Kind *will* lesen, schreiben, rechnen lernen. Der Lehrer wird als solcher erkannt, das Kind richtet sich nach ihm aus. Es macht viele Dinge für den Lehrer, auch Dinge, zu denen es mal keine Lust hat wie Üben oder Hausaufgaben erledigen. Im Unterricht verhält es sich anders als in der Pause. Regeln werden erkannt und verinnerlicht.
Ca. 5 Jahre	z.B. Unterscheidung: gut – schlecht / richtig – falsch. Das Kind erkennt Abläufe und Strukturen, sie geben Halt und Sicherheit.
Ab ca. 3 Jahren	**Kindergartenreife:** Beginnendes Erkennen von Strukturen, Abläufen und Regeln. Die Erzieherin bietet Orientierung und Schutz. Ausbau der Beziehungsfähigkeit: Das Kind macht viele Dinge *für* die Erzieherinnen wie auch *für* die Eltern.
Ca. 2,5–3 Jahre	Die »Selbstbildung« ist erfolgt: Ich bin ein Mensch, du bist ein Mensch. Klare Zuordnung der Bezugspersonen, z.B. Vater, Mutter und Erzieherin. Jetzt beginnt die Orientierung an ihnen und ihren Reaktionen, z.B.: »Das hast du gut gemacht«, »Das möchte ich nicht haben«.
Ab ca. 2 Jahren	Es gibt Menschen, die sind größer und stärker als ich und mir etwas unheimlich, z.B. Jugendliche.
Ab ca. 20 Monaten	Unterscheidung zwischen bekannter Umgebung und fremder Umgebung; In fremder Umgebung sucht das Kind den Schutz der Eltern.
Ab ca. 10–16 Monaten	Unterscheidung zwischen »Mensch« und »Gegenstand«. Der Mensch lässt sich im Unterschied zum Gegenstand nicht immer steuern, er steuert mich und reagiert auf Sprache.
Krabbel- und Laufalter	Eroberung und Entdeckung des Raumes, Beginn der räumlichen Wahrnehmung, z.B.: Es gibt Gegenstände, die hart, weich, kalt oder warm sind. Sie lassen sich bewegen oder auch nicht.
Säugling	Unterscheidung zwischen angenehm und unangenehm (z.B.: Die Mutter schmust mit mir – ich werde gewickelt).
Geburt	Außerhalb von mir existiert noch eine Welt.

Grundlagen: Wahrnehmung

Wenn man die auf dem Kopf stehende und nach oben offene Pyramide betrachtet, erkennt man eines auf den ersten Blick: Sie beginnt ganz unten an ihrem schmalsten Punkt, der hier die Geburt des Kindes bezeichnet, und erweitert sich nach oben hin immer stärker, je älter das Kind und später der Jugendliche wird.

Ich habe diese offensichtliche Form der Erweiterung nicht ohne Grund gewählt. Die umgekehrte Pyramide lässt sich in Analogie setzen zur menschlichen Wahrnehmung. Und diese Wahrnehmung wiederum spielt eine ganz entscheidende Rolle für die Entwicklung der Psyche. Nach oben ist die Pyramide offen, da die psychische Entwicklung sich prinzipiell immer weiter fortsetzt.

Was ich mit der »menschlichen Wahrnehmung« meine, habe ich in früheren Büchern unter dem Stichwort »Weltbild« bereits angedeutet: Wie nimmt ein Neugeborenes seine Umwelt wahr, wie ein fünfjähriges Kindergartenkind, wie ein fünfzehnjähriger Schüler? Dass hier himmelweite Unterschiede bestehen, dürfte sofort einleuchten. Wie diese Unterschiede aussehen, will ich im Nachfolgenden erläutern.

Warum hat die Wahrnehmung etwas mit der Psyche zu tun, und warum spielt sie eine Rolle für die emotionale und soziale Kompetenz des Menschen? Wir bewegen uns ständig im sozialen Kontext, einfacher ausgedrückt: Wir gehen immer und überall mit anderen Menschen um, sogar, wenn wir gerade überhaupt niemanden direkt um uns haben. In solchen Momenten sind wir zu anderen Menschen auf Distanz gegangen, ob nun aktiv oder passiv, ob wir diese Distanz bewusst wollten oder ob sie uns einfach nur »passiert« ist.

Mit entscheidend für die Bewegung im sozialen Kontext ist die Wahrnehmung meines Umfelds. Und zwar nicht im Sinne der Wahrnehmung von Natur oder Gebäuden, sondern im Sinne der Wahrnehmung anderer Menschen: Wie wirke ich auf sie? Wie wirken sie auf mich? Warum verhalten sie sich mir gegenüber so, wie sie sich verhalten? Warum verhalte ich mich so, wie ich mich verhalte?

Das sind komplexe Fragen, die von der Ethik bis zur Verhaltensbiologie unterschiedliche Bereiche berühren und unterschiedliche Antworten bereithalten. Das soll an dieser Stelle nicht ausdiskutiert werden, wichtig ist hier nur die Erkenntnis, dass unser Verhalten immer und überall etwas damit zu tun hat, wie wir unsere Umwelt wahrnehmen. Diese kann bedrohlich wirken oder freundlich gesinnt. Sie kann belastend und anstrengend wirken oder entspannend und aufbauend.

Wie ein Kind die Welt wahrnimmt, das also gilt es zu verstehen. Dazu gehört auch, sich klarzumachen, dass ein Kind die Welt komplett anders wahrnimmt als ein Erwachsener. Diese Feststellung beinhaltet keine Abwertung des Kindes, sondern beschreibt den Unterschied zwischen Erwachsenen und Kindern, der beim Verhalten gegenüber Kindern berücksichtigt werden muss.

Die ersten Monate: Schutz total

Die Spitze der Pyramide markiert also den Zeitpunkt der Geburt. Das Neugeborene ist vollständig auf die Mutter angewiesen, sein Sehvermögen unterscheidet gerade mal hell und dunkel, es herrscht das nicht aufschiebbare Bedürfnis nach körperlicher Nähe und danach, sein Hungergefühl zu stillen.

Zu diesem Zeitpunkt ist das Gehirn des Kindes vollständig und aufnahmebereit. Es sind unzählige Nervenzellen vorhanden, die jedoch zum größten Teil noch keine spezifischen Aufgaben haben. Sie warten gewissermaßen darauf, durch äußere Einwirkung für ihren speziellen Einsatz »programmiert« zu werden.

Die äußere Wahrnehmung, die das Gehirn in diesem diffusen Zustand zulässt, ist die Unterscheidung in »angenehm« und »unangenehm«. Wird das Kind gewickelt, spürt es, dass es kühl ist. Nimmt die Mutter es anschließend auf den Arm und kuschelt mit ihm, fühlt es wiederum die Wärme. Der unangenehme, weil kühle Zustand beim Wickeln kann als Reaktion Weinen oder Schreien hervorrufen, bis sich der Zustand durch die Wärme und Nähe beim Kuscheln in »angenehm« ändert.

Etwa für die ersten acht bis neun Monate lässt sich sagen, dass der Säugling in einem paradiesischen Zustand lebt und leben muss. Das Kind schreit, die Brust der Mutter kommt. Die Wahrnehmung des Kindes ist dementsprechend maßgeblich auf diesen Umstand fixiert. Seine »Welt« besteht vor allem aus der Mutter, ihrer Nähe und ihrer Fähigkeit, den Hunger zu stillen und für Nähe und Wärme zu sorgen. In dieser Zeit bildet sich das sogenannte Urvertrauen, sie ist deshalb so enorm wichtig. Nicht gebildetes Urvertrauen begleitet Menschen durch ihr ganzes Leben.

Im zweiten Halbjahr des ersten Lebensjahres, genauer gesagt im Alter von acht bis neun Monaten, erweitert sich die Wahrnehmung, die Pyramide öffnet sich ein Stück weit. Das Kind macht immer noch mit Nachdruck auf sich aufmerksam, wenn es Hunger hat, der Mutter ist es jetzt jedoch möglich, den Sprössling einen kurzen Moment lang warten zu lassen. Jede Mutter spürt das intuitiv und bleibt ruhig dabei. Eine Mutter, die einen schreienden Säugling auf Nahrung warten ließe, bekäme sofort Schweißausbrüche. Diese Spontanreaktion fällt jetzt zunehmend weg, die Mutter fühlt, dass das Kind sich auch mal einen Moment lang gedulden kann.

Dies ist der erste Moment leichter Fremdbestimmung, den das Kind jetzt aushalten kann. Die Welt reagiert nicht mehr sofort, und darüber hinaus fängt das Kind nun an, sich diese Welt zu erschließen, denn mit ungefähr neun Monaten beginnt die Krabbel- und die Laufphase. Der Aktionsradius erweitert sich, und damit auch die Wahrnehmung der eigenen Umgebung. Kinder stoßen an Stühle, Tische oder Türen, werden von Hindernissen aufgehalten oder von den Eltern zurückgeholt.

Was passiert in dieser Phase mit den Nervenzellen? Sie erkennen zunächst noch nicht, dass der Raum begrenzt ist. Kleine Kinder krabbeln oder laufen daher häufig mehrfach gegen Gegenstände oder sogar Wände. Die Wiederholung dieses Vorgangs macht das Hindernis mit der Zeit als solches erkennbar.

Der besondere »Gegenstand«

Im Alter von etwa zehn bis sechzehn Monaten erfährt das Kind auch, dass sich nicht alle Gegenstände gleich verhalten. Vor allem ein Gegenstand lässt sich nicht uneingeschränkt verschieben, sondern reagiert auf Berührung. Dieser besondere »Gegenstand« ist der Mensch.

Die Pyramide der psychischen Entwicklung öffnet sich hier ein ganzes Stück weiter. Zum ersten Mal ist das Kind in der Lage, wahrzunehmen, dass dieser eine besondere Gegenstand Widerstand bieten kann. Er lässt sich beispielsweise nicht in jedem Moment beklettern, er versorgt mich, er reagiert auf Lautäußerungen und äußert auch selbst Laute.

Hier geht es zum ersten Mal um die Frage: Wer steuert eigentlich wen? Als Erwachsene wissen wir, dass wir bisweilen Fremdbestimmung durch Umstände, Situationen und andere Menschen aushalten müssen und nicht in jedem Moment tun und lassen können, was uns das Lustprinzip gerade eingibt. Dieses Wissen wird bereits im Alter von zehn bis sechzehn Monaten angelegt, die Nervenzellen werden in dieser frühen Phase auf die Unterscheidung zwischen Mensch und Gegenstand programmiert.

Ausweitung der Wahrnehmungszone

Man merkt bereits: Die Psyche entwickelt sich über eine ständige Erweiterung der Wahrnehmung, und je mehr Eindrücke das Kind wahrnimmt und damit nach und nach auch einordnen kann, desto »selbstständiger« kann es sich bewegen.

Bis zum Alter von etwa zwanzig Monaten unterscheidet das Kind noch nicht zwischen gewohnter und fremder Umgebung. Dies ist der nächste entscheidende Schritt. Besucht das Kind mit den Eltern eine fremde Wohnung mit fremden Menschen, wird es das nun erkennbar wahrnehmen. Es hält Abstand von den unbekannten Gegenständen und Menschen und sucht Schutz bei den eigenen Eltern, weil in dieser Phase normalerweise vor allem die gewohnte Umgebung Sicherheit verleiht. Zwar wird das Kind nach einer ersten Gewöhnungsphase durchaus seine Neugier befriedigen und versuchen, die fremde Umgebung zu erobern, doch bleibt es wichtig, stets sofort in den elterlichen Heimathafen flüchten zu können.

Der nächste Schritt in der Entwicklung, die nächste entscheidende Ausweitung der Pyramide, ist das dauerhafte Verlassen des Heimathafens. Nachdem das Kind mit etwa zwei Jahren beginnt, ein Gefühl dafür zu entwickeln, dass es stärkere und größere Menschen gibt, ist es mit etwa zweieinhalb bis drei Jahren so weit, dass es ganz klar zwischen sich selbst und anderen unterscheidet. Es entdeckt somit sein »Ich«.

Das ist deshalb solch ein großer Schritt, weil sich auf dem Gebiet der Steuerung ein tiefer Einschnitt vollzieht. Sah die Welt bisher für das Kind so aus, dass sie sich von ihm steuern ließ, so kommt nun mehr und mehr die Fähigkeit hinzu, Eltern und auch fremde Menschen als Orientierung und Sicherheitsfaktor einzuschätzen. Es ist also ein ganz entscheidender Sprung in der menschlichen Entwicklung. Das Kind weiß nun: Ich bin ein Mensch, und du bist ein anderer Mensch. Damit beginnt die Entwicklung der tieferen Beziehungsfähigkeit.

Nicht umsonst ist der dritte Geburtstag bisher die Altersgrenze gewesen, nach der Kindergartenreife attestiert wurde. Der wesentliche Entwicklungsschritt liegt in der Fähigkeit, zu unterscheiden: Das Kind erkennt nun nicht mehr nur die eigenen Eltern, sondern auch externe Bezugspersonen. Es ist jetzt in der Lage, zwischen sich und seinem Gegenüber zu unterscheiden. Ganz wesentlich ist zudem die Tatsache, dass das Kind nun Dinge für die Erzieherinnen im Kindergarten macht, genauso wie daheim für die Eltern. Diese Bereitschaft, etwas für andere zu tun, ist Ausdruck der sich entwickelnden Beziehungsfähigkeit.

Ab einem Alter von drei bis vier Jahren will ein Kind immer alles richtig machen. Sicherheit erfährt es dabei weniger aus Worten als aus den emotionalen Reaktionen der Bezugspersonen. Es wird »gespiegelt«. Dieses »Spiegeln« kann sich in der erkennbaren Freude der Eltern über eine gelungene Sache zeigen, die dann zusätzlich mit den Worten »Das hast du gut gemacht« begleitet wird. Ebenso aber natürlich auch Verärgerung über etwas, begleitet von der Aufforderung: »Das möchte ich so nicht haben.«

Gleiche Abläufe, gleiche Bezugspersonen, gleiche Reaktionen: Das ist der Idealzustand, der die psychische Entwicklung eines Kindergartenkindes richtig voranbringt. Mit etwa fünf Jahren weiß es durch diese immer gleichen Reaktionen und Abläufe, was richtig und was falsch ist. Es erlangt Sicherheit auf der Ebene der Beziehung und der Emotionen, macht also Riesensprünge im Bereich seiner emotionalen und sozialen Kompetenz.

Die Unterscheidung zwischen »richtig« und »falsch« findet allerdings noch nicht im Sinne einer Gewissensinstanz statt, die dafür sorgen würde, dass falsche Handlungen gar nicht erst begangen werden. Anders gesagt: Der Fünfjährige, der die Bonbons der Schwester nimmt, weiß zwar bereits, dass er etwas Verbotenes tut, verbindet das jedoch noch nicht mit dem Bewusstsein, es daher sein zu lassen. Er wird lediglich abwägen, ob die Bonbons den möglichen Ärger mit den Eltern wert sind. Ihnen möchte das Kind gefallen. Deshalb wird es ihre Einwände, dass das Aufessen der Bonbons falsch war, eher verinnerlichen als die Tränen der Schwester.

Ganz wichtig in dieser Zeit ist für die Psyche die Möglichkeit, Abläufe und Strukturen zu erkennen, sich an Regeln orientieren zu können. Das verleiht Sicherheit und Stabilität, die sich auch im Erwachsenenleben bemerkbar machen. Vermittelt und verkörpert werden müssen diese Strukturen indes immer durch die bekannten Bezugspersonen, denn Struktur allein fördert keine Entwicklung. Eine enge Begleitung durch Bezugspersonen im Kindergarten etwa ist daher keine Einengung, sondern eben gerade die Voraussetzung dafür, sich später umso freier entfalten zu können. Doch dazu später mehr.

Durch die Orientierung an sich immer wiederholenden Abläufen und am verlässlichen Verhalten der Bezugspersonen lernt das Kind auch soziales Verhalten. Alles, was es macht, macht es dabei *für* die entsprechende Bezugsperson. Der Fünfjährige hilft im Kindergarten beim Aufräumen nicht, weil er plötzlich seinen Sinn für Ordnung entdeckt hätte. Der Grund ist die Erzieherin, die ihn darum bittet. Sie ist für ihn die natürliche Autorität, die ihm Halt und Orientierung verleiht.

Zu dieser Feststellung möchte ich zwei Anmerkungen machen, da bestimmte Dinge immer wieder in der Kritik auftauchen:

1. Wenn die Erzieherin dem Kind sagt, es solle aufräumen, und das Kind folgt dieser Aufforderung, hat das nichts mit dem Einüben von Gehorsam und Disziplin zu tun. Es kann auch nicht erwartet werden, dass ein Fünfjähriger in jeder Situation einer solchen Aufforderung sofort nachkommt. Er wird es bei altersgemäßer Entwicklung allerdings in der Regel tun.
2. Es spricht nichts dagegen, wenn die Erzieherin dem Kind erklärt, dass es aufräumen solle, damit andere Kinder die Spielsachen wiederfinden oder niemand über die herumliegenden Dinge stolpert und sich verletzt. Es ist jedoch ein immer weiter verbreiteter Irrglaube, das Kind räume anschließend auf, weil es die Erklärung rational verstanden habe. Es ist noch überhaupt nicht in der Lage, die Folgen seines Handelns abzuschätzen und sich dementsprechend zu verhalten. Es möchte seiner Erzieherin eine Freude machen. Die Erklärung tut also nicht weh, sie fruchtet aber auch nicht in dem vom Erwachsenen vorausgesetzten Sinn. Der Fünfjährige räumt also nicht auf, weil er möchte, dass seine Spielkameraden schnellstmöglich die Dinge finden, sondern weil er in Beziehung zu seiner Erzieherin steht und dieser eine Freude machen möchte. An jeder dieser kleinen Freuden und Situationen wächst die kindliche Psyche und ist bereit für die nächsten Entwicklungssprünge.

Der nächste große Sprung: Das Kind ist schulreif

Der Kindergarten ist ein ausgeprägter Schutzbereich, jedenfalls sollte er das sein. Es hilft, sich das immer mal wieder in Erinnerung zu rufen, wenn über Konzepte und Methoden in diesem Bereich philosophiert wird. Das Kind im Alter zwischen drei und sechs Jahren übt sich in sozialem Verhalten, es kann sich unbelastet und ohne Verantwortung für »große« Themen oder die Folgen seines Handelns zu tragen ausprobieren. Dabei benötigt es jedoch immer die Anleitung und Orientierung durch die Erzieherin oder den Erzieher.

Natürlich besitzt das sechsjährige Kind bereits viel mehr soziale Kompetenzen als das dreijährige. Diese erweiterte Kompetenz führt auf natürliche Weise zur Schulreife. Der große Sprung im Rahmen der Entwicklung, der nun geschehen ist, zeigt sich auch am lebendigen Interesse des Kindes an den Kulturtechniken. Ein altersgemäß entwickeltes sechs- oder siebenjähriges Kind geht nicht in die Schule, weil es *muss*, sondern weil es lesen, schreiben und rechnen lernen *will*.

Das Kind erkennt nun auch den Lehrer oder die Lehrerin als Bezugsperson, an der es sich orientiert und für die es viele Dinge ausführt. Das äußert sich in den grundlegenden, scheinbar banalen Dingen, die eine Grundschulklasse überhaupt erst funktionsfähig machen und es dem Kind ermöglichen, Wissen zu erwerben: Ein altersgemäß entwickelter Grundschüler spürt relativ schnell, dass mündliche Beteiligung am Unterricht sowohl ihm selbst als auch seinen Mitschülern dann am meisten bringt, wenn nicht alle gleichzeitig und spontan durcheinanderreden. Er wird, wenn er das verinnerlicht hat, nur dann reden, wenn der Lehrer nach Aufzeigen sagt, dass er »dran« ist. Ich kann es nicht oft genug betonen: Das ist kein Gehorsam, sondern es zeigt Gespür für die Situation.

Äußere Regeln wie »reden nur nach Aufzeigen« macht sich ein Kind mit entsprechendem Entwicklungsstand schnell zu eigenen Regeln. Man spricht dann von »Internalisierung«. Das ist ein wesentlicher Unterschied zum Kindergarten, wo die Regeln immer und immer wieder aufgezeigt werden müssen. Eine Internalisierung findet hier nur langsam und in begrenztem Maße statt.

Langsam, aber sicher üben Schulkinder auf diese Weise also Gesprächsregeln ein, die sie auch als Erwachsene brauchen werden, um in Diskussionen die eigene Meinung zu vertreten und es weiteren Diskussionsteilnehmern zu ermöglichen, ihre Meinung ebenfalls ungestört zu äußern.

Gleiches gilt für andere Verhaltensweisen. Ein siebenjähriger Grundschüler ist fähig, während der Unterrichtsstunde auf seinem Platz sitzen zu bleiben, und rennt nicht spontan durch die Klasse. Weil der Lehrer als Bezugsperson Orientierung bietet, sind Grundschüler in der Lage, auch Aufgaben zu erledigen, zu denen sie eigentlich gerade keine Lust haben. Wer diese Fähigkeit mit dem negativ konnotierten Begriff »Disziplin« belegen möchte, kann das tun. Das ändert aber nichts daran, dass soziales Miteinander als Grundlage jeder Gesellschaft wohl kaum möglich ist, wenn alle durcheinanderlaufen, gleichzeitig ihre Meinung in die Gegend schreien und die Mitmenschen im Sinne ihrer »freien« Entwicklung ignorieren.

Ein sieben- oder achtjähriger Grundschüler wird seine Hausaufgaben also beispielsweise nicht deshalb erledigen, weil er »verstanden« hat, dass er ohne das durch die Aufgaben eingeübte Wissen später nicht weiterkommt. Die Hausaufgaben werden *für* die Lehrerin oder den Lehrer erledigt, spätestens ab der zweiten Klasse ist vor allem der Klassenlehrer oder die Klassenlehrerin für die Kinder »das Gesetz«. Schulfähigkeit kommt in diesem Sinne von innen heraus. Ich werde später darauf zu sprechen kommen, welche Folgen es für die Schüler hat, wenn der Lehrer in modernen Konzepten nicht mehr als Orientierung im Vordergrund steht, sondern nur noch Lernbegleiter im Hintergrund sein soll.

Wie stark ein schulreifes Kind sich automatisch am Lehrer oder der Lehrerin orientiert und sogar das Eingreifen der Eltern als störend empfindet, lässt sich an einer kleinen Anekdote zeigen, die mir ein Bekannter erzählte. Seine damals sechsjährige Tochter kam nach ein paar Wochen in der ersten Klasse mit Mathematikhausaufgaben nach Hause, setzte sich diszipliniert hin und erledigte, was die Lehrerin für den nächsten Tag aufgegeben hatte. Der Vater, voll guten Willens, seine Tochter zu fördern, schlug ihr vor, doch einfach die letzte Aufgabe, die unten auf der Seite des Mathebuchs stand, zur Übung auch noch zu erledigen. Zu seiner Überraschung brach das Mädchen spontan in Tränen aus und schluchzte: »Das hat unsere Lehrerin aber nicht gesagt...«

In diesem Moment erkannte der Vater, dass die Vorgabe der Lehrerin für das Kind unbewusst »Gesetz« war. Die klar formulierte Aufgabenstellung sorgte für Struktur und Sicherheit, die Abweichung, die der Vater unbewusst und gut gemeint provozieren wollte, für Irritation und Unsicherheit. Genauso groß wäre die Unsicherheit übrigens gewesen, wenn die Lehrerin gesagt hätte: »Sucht euch aus, ob ihr nur die eine Aufgabe machen wollt oder die nächste auch noch.«

Man sieht an diesem Beispiel sehr schön, wie sich das »soziale Sichtfeld« des Kindes erweitert. Es kann jetzt differenzieren: Die Lehrerin gilt für die schulischen Belange als erste Autorität, die Eltern sind nachgeordnet.

Doch nicht nur das soziale Sichtfeld erweitert sich in diesem Alter, auch die Interessen nehmen zu. Gesellschaftliche Zusammenhänge und Abläufe rücken ins Blickfeld des Kindes, es fordert von den Bezugspersonen Erklärungen ein, wenn es etwas nicht versteht. Die Eltern merken das an allen möglichen Alltagssituationen. Kinder interessieren sich jetzt beispielsweise dafür, wie das bei der Bank mit dem Geld funktioniert, wo die Brötchen beim Bäcker herkommen oder wie die Post das mit den Briefen und Paketen macht.

Zu spüren ist das beispielsweise auch dann, wenn die heute neunjährige Tochter meines Bekannten im Vorfeld einer politischen Wahl erstmals ganz ernsthaft fragt, warum überall Plakate hängen, wer die Menschen auf diesen Plakaten sind und was die denn machen wollen, wenn sie gewählt werden. Ihr fünfjähriger Bruder bekam übrigens zeitgleich das Ganze im Kindergarten »erklärt« und wurde dort Teil einer Kindergartenpartei, um Demokratie zu lernen. Ich werde noch darauf zurückkommen, was daraus wurde.

So weit also die Entwicklung im Grundschulalter. Mit etwa zehn Jahren, wenn der Übergang auf die weiterführenden Schulen ansteht, weitet sich das selbstständige Denken des Kindes aus. Häufig entsteht jetzt tiefergehendes und ernsthaftes Interesse an naturwissenschaftlichen Zusammenhängen. Die Vernetzung im Gehirn ist jetzt so weit fortgeschritten, dass ein perspektivisches Denken möglich ist. Das Kind lebt nicht länger nur im Hier und Jetzt, sondern bekommt ein Gespür für Zukünftiges und Vergangenes sowie dafür, dass die Vergangenheit die Gegenwart und die Gegenwart die Zukunft beeinflusst.

In Bezug auf die Schule heißt das, dass Fächer wie Geschichte oder Geografie zunehmend interessanter werden. Die Vorstellung, dass es Menschen vor uns gegeben hat, die anders gelebt haben, ist dann genauso spannend wie die Erkenntnis, dass es andere Kulturen, andere Länder und Erdteile gibt, in denen sich das Leben ebenfalls zum Teil stark von unserem unterscheidet.

Im Alter von elf bis zwölf Jahren beginnen sich Freundschaften zu festigen und zu vertiefen. Natürlich hatte das Kind bisher auch schon Freunde, doch erst mit der Entwicklung der Psyche hin zu einem erweiterten sozialen Blick werden aus diesen Freundschaften enge emotionale Bindungen. Nach und nach erweitert sich das Bewusstsein des Kindes für Beziehungen zu anderen Menschen. Je weiter die Entwicklung der emotionalen und sozialen Psyche des Kindes voranschreitet, desto klarer wird der Stellenwert des eigenen Ich in Bezug auf die Menschen um das Kind – und später den Jugendlichen – herum.

So erkennt der Jugendliche etwa ab einem Alter von vierzehn Jahren ganz deutlich, dass die Menschen in seinem Umfeld Schwachpunkte haben, und auch, welche Schwachpunkte das sind. Es findet eine Art Entzauberung statt, die den langsamen Abschied von der schönsten Phase der Kindheit bedeutet. War die Welt anfangs geordnet und Orientierung durch andere Menschen geboten, so tritt nach und nach die Fehlerhaftigkeit dieser Welt, die Mangelhaftigkeit ihrer Bewohner zutage. Spätestens ab dem Alter von vierzehn bis fünfzehn Jahren ist also bei einer altersgemäßen psychischen Entwicklung klar, dass das Leben kein Zuckerschlecken ist. Es wächst die Erkenntnis, dass der Mensch täglich diversen Einflüssen ausgesetzt ist, die er nur zum Teil steuern kann, mit denen er aber fertigwerden muss.

Die Eltern fallen übrigens der Entzauberung anheim, wenn ihre Kinder ungefähr fünfzehn Jahre alt sind. Soll heißen: Jetzt erkennen sie auch die Schwachpunkte der Eltern deutlich, es fällt also der wichtigste Schutzbereich. Mit dem Bewusstsein, die Eltern hinterfragen zu müssen, wächst auch das Selbst-Bewusstsein der Kinder. Das mündet ab etwa sechzehn Jahren im letzten ganz großen Entwicklungsschritt: Der junge Mensch hinterfragt sich nun selbst und erkennt, dass auch er Schwachpunkte besitzt. Dazu kommt dann das perspektivische Denken. Anders gesagt: Wie möchte ich leben, was soll die Zukunft für mich bringen? Diese Art zu denken ist wichtig für die Eigenverantwortung, genauso aber auch für die Verantwortung gegenüber anderen. Sie ist wichtig für gesellschaftliche Veränderungen, denn nur wer fähig ist, andere Menschen anzuerkennen, wird sich auch für diese einsetzen.

Es ist also erst ab diesem Zeitpunkt tatsächlich ein zukunftsgerichtetes Denken möglich. Der schöne alte Spruch »Nicht für die Schule, sondern für das Leben lernen wir«

kann, so wahr er ist, erst jetzt wirklich in der Psyche ankommen. Die Jugendlichen können ihn nun umsetzen und danach leben. Ab diesem Zeitpunkt denkt ein Jugendlicher zielgerichtet darüber nach, was er werden will und wie er später leben möchte. Eine Tatsache, die für meine weiteren Ausführungen und meine Kritik am herrschenden Kindergarten- und Schulsystem von großer Bedeutung ist.

Was uns dieser Überblick sagen will. Eine Überleitung

In den folgenden Kapiteln werde ich immer wieder Bezug auf die bisherigen Beschreibungen der psychischen Entwicklung von Kindern und Jugendlichen nehmen, weil viele – auch provokant klingende – Aussagen vor diesem Hintergrund verständlicher werden.

Ich kann es nicht oft genug betonen, dass die fortschreitende Entwicklung im emotionalen und sozialen Bereich bei Kindergarten- und Schulkindern nur aus der Beziehung zu den entscheidenden Personen heraus entsteht. Eltern, Großeltern sowie Lehrer und Erzieher in den jeweiligen Bildungseinrichtungen tragen die Verantwortung dafür, dass das Kind sich an ihnen orientieren und entwickeln kann. Die emotionale und soziale Psyche als Voraussetzung, dass aus dem Kind als erwachsener Mensch ein selbstständig denkendes und frei agierendes soziales Wesen wird, kann sich nur am Gegenüber bilden, und zwar auf der Grundlage einer Beziehung. Der Erwachsene bezieht das Kind in annehmender und positiver Weise auf sich, diese Haltung fördert die emotionale Entwicklung des Kindes.

Denkverbote. Warum so oft um den heißen Brei herumgeredet wird

»So was sagt man aber nicht!« Wir alle kennen diese Formulierung aus unserer eigenen Kindheit und haben sie gehasst.

Wenn ich heute über Kinder spreche, über Erziehung, Entwicklung, Schulen und Kindergärten oder auch über Eltern, stelle ich häufig fest, dass es gerade auf diesem Gebiet eine ganze Menge Dinge gibt, die man »nicht sagt«, genauer: nicht sagen darf, weil sie scheinbar nicht fortschrittlich genug sind.

Vor allem im Bereich der Bildungspolitik und der Erziehungswissenschaften scheint sich eine Lobby gebildet zu haben, die unausgesprochene Denkverbote verhängt, um bestimmte, einmal für richtig erachtete Denkweisen ungehindert in Konzepte und Handlungsanweisungen gießen zu können. Diese Vorgehensweise scheint mir deshalb beliebt, weil es beim Thema Bildung für Politiker und Wissenschaftler besonders viele Punkte zu machen gibt.

Einige dieser Denkverbote will ich hier kurz zusammenfassen:
- In der Pädagogik darf man niemals zurückschauen.
Konzepte, Methoden, Ansichten, die vor zehn, zwanzig

oder dreißig Jahren galten, müssen wir heute schon allein deshalb überwinden, weil sie vor zehn, zwanzig oder dreißig Jahren galten, also alt und somit rückständig sind.
- Dass Freiheit sich innerhalb sinnvoller Grenzen am besten entfalten kann, darf niemand sagen. Heute gilt: Freiheit ist immer grenzenlos, und somit sind auch die Methoden, um Kindern Freiheit zu gewähren, von Grenzenlosigkeit geprägt. Wer das differenzierter betrachtet, gilt als Feind der Freiheit.
- Niemand darf sagen, dass es im Verhältnis von Kindern und Erwachsenen eine natürliche Hierarchie gibt. Denn Hierarchie klingt nach Machtspielchen, Einschränkung von Freiheit [sic!] und einem längst überwundenen autoritären Erziehungsgedanken. Wer trotzdem die positive Auswirkung dieser natürlichen Hierarchie erläutert, disqualifiziert sich als Anhänger autoritärer Erziehungskonzepte.
- Man darf nicht davon sprechen, dass gute Bildungspolitik Geld kostet, auch wenn das jedem klar ist. Sonst könnte deutlich werden, dass verschiedene bildungspolitische Entscheidungen sich nur ein pädagogisches Mäntelchen umhängen, in Wahrheit jedoch aus rein ökonomischen Erwägungen heraus getroffen werden: um Geld zu sparen.
- Schließlich: Niemand darf darauf hinweisen, dass Kinder sich nicht quasi von ganz allein entwickeln. Wer dagegen die Bedeutung von Eltern, Großeltern, Lehrern, Erzieherinnen – oder allgemeiner gesprochen: erwachsenen Bezugspersonen – besonders betont und den Hintergrund dieser Bedeutung erläutert, engt bereits wieder

die Freiheit ein und spricht autoritären Erziehungskonzepten das Wort.

Ich könnte noch viele weitere Denkverbote auflisten, will es jedoch bei diesen Beispielen belassen, da deutlich geworden sein dürfte, worum es geht. Wirtschaftlichkeitsdenken und Weltanschauung sind die zwei Fallstricke, die Kinder in ihrer emotionalen und sozialen Entwicklung stolpern lassen. Auf dem Altar der Ökonomie und der Ideologie wird der intuitive Umgang mit Kindern und damit die Möglichkeit einer altersgemäßen Entwicklung geopfert.

Die Ausführungen in diesem Buch werden immer wieder die genannten (und viele andere) Denkverbote berühren und aushebeln. Das ist notwendig, um zu einer vorurteilsfreien Sichtweise auf die kindliche Entwicklung zu kommen. Sie soll helfen, Kinder emotional zu stärken, statt sie zu schwächen, und ihnen die Aneignung sozialer Kompetenz zu ermöglichen, statt sie zu verhindern.

Noch eines möchte ich betonen: Mir geht es nicht um Schuldzuweisungen! Viele dieser Denkverbote entstehen unbewusst und entwickeln mit der Zeit eine große Eigendynamik. Wir sollten uns aber der Möglichkeit des eigenständigen Denkens, das ein Ergebnis unserer entwickelten Psyche ist, bedienen und immer wieder hinterfragen, was Wissenschaft und Politik uns als gegeben vorsetzen. Nicht nur in der Bildungspolitik, aber vor allem auch dort. Denn es geht um nichts Geringeres als um die Zukunft unserer Gesellschaft und damit um unser aller Zukunft.

Wenn das Denkverbot nicht mehr auszuhalten ist – Klartext von Lehrern

Ähnliche Probleme wie in Deutschland existieren in allen westlichen Wohlstandsgesellschaften. Vor einiger Zeit schickte mir ein Bekannter aus Österreich das Protokoll einer Debatte zum Thema Volksschule, die im April 2013 in Wien stattfand. Bei der österreichischen Volksschule handelt es sich um eine Schulform, der in Deutschland in etwa die Grundschule entspricht. An dieser Debatte nahmen Vertreter der großen politischen Parteien und verschiedener Schulen teil, darunter mehrere Direktoren von Volksschulen. Auch die zuständige Bundesministerin für Unterricht, Kunst und Kultur nahm sich die Zeit, um der Veranstaltung beizuwohnen. Es lohnt sich, das Beispiel hier aufzunehmen, da die Unterschiede zwischen Deutschland und Österreich in diesem Bereich marginal sind.

Es ist bemerkenswert, wie deutlich vor allem Lehrer werden, wenn man sie ehrlich nach ihrer Meinung zum herrschenden Schulsystem fragt und direkt aus der Praxis erzählen lässt. So berichtet laut Protokoll einer der Direktoren über die aktuelle Entwicklung:

> »Dieser Spagat, den wir Volksschullehrerinnen und -lehrer seit Jahren machen müssen, wird immer größer. Ich erlebe junge Kolleginnen, die seit drei, vier Jahren unterrichten, die sich in der Klasse aufreiben und dann zu Mittag weinend bei mir sitzen. Ich suppliere [österreichischer Ausdruck für das Abhalten von Vertretungsstunden] jedes Jahr zwischen 100 und

150 Stunden, das heißt, ich bin an der Basis, in bin in der Klasse. Ich bin nach einem Vormittag in einer Klasse mit drei integrierten Vorschülern, mit zwei Kindern mit sonderpädagogischem Förderbedarf, mit Kindern mit Sprachentwicklungsstörungen und -rückständen und mit den üblichen Verhaltensauffälligkeiten – und das sind alles liebe Kinder, ich sage das jetzt auch noch einmal – schweißgebadet und fertig für den Tag.«

Aussagen, die zu denken geben müssen: Junge Lehrerinnen gehen in ganz normalen Unterrichtsstunden so sehr an ihre persönlichen Grenzen, dass es zu Tränenausbrüchen führt. Der Direktor, der lange Jahre Unterrichtserfahrung haben dürfte und auch aktuell durch die Vertretungsstunden sehr nah an den Schülern »dran« ist, spürt den gleichen Druck so sehr, dass er sich schließlich »fertig für den Tag« fühlt. Bemerkenswert auch: Die Rede ist hier von »den üblichen Verhaltensauffälligkeiten«, ein erkennbar resignativer Ausdruck, den der Lehrer vermutlich gar nicht mal gezielt benutzt hat, der aber klarmacht, dass die angesprochenen Probleme nicht erst seit ein paar Jahren bestehen.

Noch viel deutlicher wird ein Lehrer, der gleichzeitig Vertreter der sogenannten Pflichtschullehrergewerkschaft ist. Die Pflichtschule in Österreich entspricht der deutschen Grund- und Hauptschulzeit. Er zählt die, wie er es mit einer freundlichen Umschreibung nennt, »Pluralität an Herausforderungen« auf, vor denen die österreichischen Volksschullehrer stehen und die in gleichem Maße für die deutschen Grundschullehrer, aber auch für Lehrer an vergleichbaren Schulformen in anderen europäischen Ländern gelten:

> »Ich darf einmal das Problemfeld der kognitiven Kompetenzen ansprechen [...]. Wir haben eine starke Heterogenität durch unterschiedliche Sprachstandsniveaus. Das hat nichts mit der Multilingualität an den Schulen zu tun, das wäre nicht so das Problem, sondern problematisch sind – egal, mit welcher Sprache die Kinder in die Schule kommen – die Sprachverarmung, der immer mehr abnehmende Wortschatz, die Schwächen bei der Satzbildung. Einfachste Anweisungen werden nicht mehr verstanden. Es ist zwar durch das verpflichtende Kindergartenjahr gelungen, Grundbegriffe verstärkt nahezubringen, jedoch ist damit die sinngemäße Anwendung, zum Beispiel in Gesprächen zu Sachthemen, noch nicht gegeben.
>
> Wir haben eine mangelnde Entwicklung von Vorläuferfähigkeiten zu verzeichnen. Dazu zählt das phonologische Bewusstsein, aber auch das Symbolverständnis. Es bestehen Speicherschwächen im auditiven und visuellen Bereich, und es gibt kaum mathematische Früherfahrungen – im Mengenbegriff, in der Serialität und in der Raumlage.
>
> Zum zweiten Problemfeld, motorische Kompetenzen: Es gibt immer größere Schwierigkeiten mit den altersadäquaten fein- und grobmotorischen Fähigkeiten. Es gibt im Schulalltag eine große Bewegungsungeschicklichkeit. Die Kollegin vor mir hat das schon angesprochen: Es ist nicht nur das Masche-

[Schnürsenkel-]Binden, es ist das Schreiben entlang einer Linie, das Halten eines Stiftes, das Halten einer Schere, das Schreiben in Kästchen etc.

Probleme sind: Bewegungsblockaden, mangelnde Ausdauer, geringe Selbstständigkeit und vor allem Störungen der Basissinne und der Körperwahrnehmung – und das ist ein ganz wichtiger Punkt! Erst wenn Kinder sich sicher spüren und bewegen können, werden sie volle Konzentration für ihren Alltag und die schulischen Tätigkeiten nutzen können.

Das dritte Problemfeld betrifft die sozialen Kompetenzen. Es bestehen Sozialisierungsmängel und teilweise Regelabsentismus. Bereits in der Volksschule gibt es traumatisierte Kinder, und es steht die Grenzenlosigkeit der Interaktionsfähigkeit entgegen. Das heißt, die fehlenden grundlegenden Dinge des Zusammenlebens machen das Arbeiten in den Schulklassen immer schwieriger und schwieriger. Die Aufmerksamkeitsdefizite und Beziehungsarmut, mit denen Kinder oft in die Schule kommen, erfordern von unseren KollegInnen, sich zu einem Beziehungsoktopus zu entwickeln, denn die Kinder kommen teilweise aus wohlstandsverwahrlosten Verhältnissen, aus Verhältnissen der Armut, der Verwahrlosung, und in jedem Fall ist die Lehrerin als Beziehungsquelle gefordert.«

Gerade diesen Abschnitt des Protokolls zitiere ich so ausführlich, weil er hervorragend zusammenfasst, mit welchen Phänomenen jeder, der mit Kindern zu tun hat, heute in immer stärkerem Maße konfrontiert wird, ohne dass es wirklich opportun wäre, das öffentlich anzusprechen. Der Mangel an sozialer Kompetenz wird im dritten benannten Problemfeld explizit angesprochen, ist aber aus entwicklungspsychologischer Sicht eben auch mitverantwortlich für die Defizite in den anderen Bereichen.

Wer das liest und sich darüber hinaus immer wieder mit Lehrern – egal, ob in Deutschland oder in Österreich – unterhält, kann die Probleme nicht leugnen. Es trägt auch nicht zur Beruhigung bei, wenn in großen Artikeln über Schule und Bildung auf ganz andere Dinge abgestellt wird, die scheinbar das Allheilmittel sind, um Kinder und Schulen gleichermaßen zu retten. Für diese Allheilmittel gelten keine Denkverbote, denn sie sind Trend. Den Trend kennzeichnet, dass jeder ihn kritiklos und ungeprüft beziehungsweise undurchdacht weiterverbreiten darf, ohne dafür gescholten zu werden. Die Thesen, die den Trend ausmachen, gelten als fortschrittlich und modern und sind damit über jeden Verdacht erhaben, nicht den Kern der Sache zu treffen.

Solch ein Trend ist seit mehreren Jahren beispielsweise die Hirnforschung. Die Berichterstattung ist zumindest zum Teil derart euphorisch, dass man meinen sollte, wir könnten uns alle zurücklehnen, bis die Hirnforschungs-Experten alle Schwachstellen des Bildungssystems ausgemerzt haben. Seltsamerweise werden aber trotzdem Problembeschreibungen von Lehrern, wie ich sie oben zitiere, immer häufiger.

Woran liegt das?

Im Prinzip sehen wir das gleiche Phänomen wie bei pädagogischen Modellen. Der Hirnforscher macht sich lobenswerte und interessante Gedanken darüber, wie Lernprozesse funktionieren und wie Wissen vermittelt wird. Dazu werden viele bunte Bilder von Gehirnen publiziert, bei denen man das Gefühl vermittelt bekommt, endlich sehen zu können, wie der Mensch denkt. Die Aussagen, die dort getroffen werden, sind im Großen und Ganzen zustimmungsfähig, auch wenn aus medizinischer Sicht nicht alles so revolutionär ist, wie es im ersten Moment klingen mag. Nur: Hirnforscher befassen sich im Allgemeinen nicht mit Entwicklungspsychologie. Sie sehen daher die Problematik eher auf der Ebene des Lernens und damit der Lerntheorie. Ihre Theorien zum wirkungsvolleren Lernen können allerdings nur dann greifen, wenn Kinder psychisch altersgemäß entwickelt und damit in der Lage sind, die Wissensvermittlung durch den Lehrer, gleich in welcher Form, wahrnehmen zu können. Da aber immer mehr Schüler diese Voraussetzung nicht mitbringen, also keine Schulreife aufweisen, gehen solche Theorien an der Wirklichkeit vorbei.

Ich zitiere an dieser Stelle noch einmal aus dem oben angeführten Protokoll. Eine Volksschuldirektorin sagt dort:

>»Eine engagierte Lehrerin mit guter Beziehung zu den Kindern holt sicherlich auch sprachlich wesentlich mehr heraus, als wenn es eine gestörte Beziehung zu einem Lehrer gibt, der ein ganz tolles Konzept hat.«

Das Zauberwort heißt also »Beziehung«. Der Lehrer kann noch so tolle Konzepte haben, er kann auch noch so viel über Hirnforschung wissen, er wird die Kinder nicht erreichen, wenn es ihm nicht möglich ist, sie auf sich zu beziehen. Das wissen auch Hirnforscher, wenn beispielsweise einer der Stars der Zunft, Gerhard Roth, im Interview sagt: »Wir lernen, weil es wichtig ist, uns inhaltlich etwas sagt oder weil wir an den Lippen des Lehrers hängen.«[2]

Hier ist er wieder – der Lehrer als Bezugsperson. Das »Hängen an den Lippen des Lehrers« kann indes nur funktionieren, wenn es dem Lehrer überhaupt erlaubt ist, den Schüler auf sich zu beziehen. Moderne Lernkonzepte fordern jedoch häufig das Gegenteil: Der Lehrer soll sich aus der Beziehung zurückziehen und höchstens noch als Berater fungieren, der aktiv von den Schülern angesprochen werden muss. Darüber hinaus muss auch die Voraussetzung gegeben sein, dass der Schüler psychisch in der Lage ist, den Lehrer als Bezugsperson zu erkennen.

Hier entsteht nun häufig ein Teufelskreis: Der Entwicklungsstand des Schülers erlaubt es ihm kaum, den Lehrer als Lehrer zu erkennen, gleichzeitig darf der Lehrer aber nichts unternehmen, um den Schüler stärker auf sich zu beziehen und so auf die Entwicklung seiner psychischen Reife einzuwirken. An dieser Stelle kommt man mit den Erkenntnissen der Hirnforschung und der Lerntheorie nicht entscheidend weiter, um den betroffenen Kindern zu helfen und die Zustände an den Schulen zu verbessern.

Die Kinder von heute sind die Erwachsenen von morgen

Wenn wir im Alltag mit anderen Menschen umgehen, erwarten wir mit Fug und Recht, dass dieser Umgang von einer gewissen Höflichkeit geprägt ist. Ich spreche nicht, wenn jemand anderer spricht, sondern lasse den anderen ausreden. Ich versuche, in Konflikten sachlich zu bleiben, und belege den anderen nicht mit Schimpfwörtern. Allgemeiner gesprochen: Ich achte andere Menschen und erwarte das Gleiche in Bezug auf mich selbst.

All das erscheint uns selbstverständlich, und kaum jemand reflektiert, warum wir eigentlich diese Erwartung hegen und woraus diese Fähigkeiten bei Erwachsenen resultieren. Es macht sich niemand Gedanken darüber, ob wir all das als Kinder auch schon im gleichen Maße konnten, sondern wir halten es mittlerweile für angeboren.

Denkt man allerdings näher drüber nach, wird einem schnell klar, dass Fähigkeiten wie Höflichkeit, Rücksichtnahme und Respekt keineswegs angeboren, sondern erworben sind. Erworben in Kindheit und Jugend, Schritt für Schritt, auf dem Weg zu einem emotional und sozial ausgereiften Erwachsenen.

Anhand der Entwicklungspyramide habe ich bereits beschrieben, welche Stufen die menschliche Psyche im Laufe ihrer Entwicklung erklimmen muss, und ich habe auch erläutert, dass das Erreichen dieser Stufen immer nur über die Beziehung läuft. Die kindliche Psyche entwickelt sich am erwachsenen Gegenüber. Diesen Satz sollte sich jeder, der mit Kindern umgeht, immer und immer wieder in Erinnerung rufen.

Wenn wir die Erkenntnis ernst nehmen, dass Erwachsene als Bezugspersonen für Kinder und als Orientierungspersonen für deren psychische Entwicklung von entscheidender Bedeutung sind, dann muss uns auch klar sein, dass jede unserer Handlungen gegenüber Kindern eine Bedeutung für ihre Zukunft hat. Das Verhalten, das Eltern, Großeltern, Lehrer und Erzieherinnen heute an den Tag legen, beeinflusst das Verhalten, das Kinder und Jugendliche in zehn, zwanzig oder dreißig Jahren als Erwachsene zeigen werden.

Auch die Kinder von heute werden arbeiten müssen, um durchs Leben zu kommen, sie werden Beziehungen führen wollen, um mit einem Partner und eventuell eigenen Kindern glücklich zu werden. Damit das wirklich gelingt, benötigen sie emotionale und soziale Intelligenz und Kompetenz. Die entscheidende Frage lautet also: Leisten wir Erwachsene diese Entwicklungsbegleitung über die Beziehung heute noch in ausreichendem Maße? Die Antwort lautet immer öfter: Nein.

Immer mehr Erwachsene leben überwiegend im Moment, das Leben stürzt scheinbar nur noch auf sie ein, es bleibt kaum Zeit zum Luftholen, das Leben muss immer weiter- und weitergehen. Wobei dieses »weiter« nicht für eine vorausschauende Planung steht, sondern für ein gestresstes »Sich-von-einem-Moment-zum-anderen-Hangeln«, das der Psyche suggeriert, wir befänden uns dauerhaft in einer Katastrophe. Dieser Katastrophenmodus greift nach meiner Beobachtung immer weiter um sich.

Betrachtet man all die genannten Faktoren, so wird nachvollziehbar, warum der Blick für zukünftige Anforderungen an die Kinder von heute verloren geht. Wenn man Eltern fragt, was sie sich für ihre Kinder wünschen, würden sie natürlich immer eine »glückliche Zukunft« als Antwort nennen. Fragt man Lehrer, was sie bei ihren Schülern erreichen wollen, würden sie natürlich immer sagen, dass sie ihre Schüler »fit fürs Leben« machen wollen. Und doch spricht das Verhalten der Erwachsenen immer stärker eine andere Sprache, weil es immer seltener die genannten Ziele auch direkt ansteuert.

Wie vielen Erzieherinnen und Erziehern ist wirklich noch bewusst, dass aus den Kindergartenkindern in wenigen Jahren Schulkinder geworden sein werden und dass der Kindergarten auch der Vorbereitung auf diese Zeit gilt? Wie vielen Erzieherinnen ist dabei klar, dass sie diejenigen sind, die als Bezugsperson für ihre Schützlinge neben den Eltern mit verantwortlich dafür sind, dass die Kinder sich später in der Schule zurechtfinden, mit ihren Mitschülern umgehen und dem Lehrer bei der Stoffvermittlung folgen können?

Wie viele Lehrerinnen und Lehrer sehen wirklich, dass aus ihren Schülern irgendwann Menschen werden, die im Arbeitsleben klarkommen müssen? Und wie viele Lehrer machen sich bewusst, dass ihre Arbeit in letzter Konsequenz auch dafür da ist, die Schüler auf ebendieses Arbeitsleben vorzubereiten?

Hat der Grundschullehrer wirklich im Blick, dass der Schüler vor ihm bald schon auf die weiterführende Schule wechseln wird? Verhält er sich dementsprechend, sodass der Schüler die emotionale und soziale Kompetenz erwirbt, um mit den erhöhten inhaltlichen Anforderungen der nächsten Schule entspannt klarzukommen? Und was auch gefragt werden muss: Dürfen Lehrer sich überhaupt noch so verhalten, dass die genannten Dinge erreicht werden können? Oder zwingt sie der Druck von außen, vor allem auch von »oben«, längst dazu, sich häufig bewusst wider ihre eigentliche Profession und ihre eigenen inneren Überzeugungen zu stellen?

Mir erscheint die Gesellschaft in dieser Hinsicht heute oft blind. Wir sehen künftige Erfordernisse nicht, weil wir schon mit dem Jetzt überfordert sind. Daraus resultiert eine Haltung, die sich in allen Konzepten, Methoden und Denkweisen wiederfindet, welche in den letzten Jahren für die Weiterentwicklung in pädagogischer Hinsicht prägend waren: Wir verlagern die Verantwortung für die Zukunft unserer Kinder auf unsere Kinder selbst. Unter dem Deckmäntelchen einer partnerschaftlichen Denkweise in der Erziehung verweigern die Erwachsenen in zunehmendem Maße die Verantwortung für die emotionale und soziale Kompetenz folgender Generationen.

Diese Haltung hat nicht nur fatale Folgen für diese und die nächsten Generationen, sie bringt auch die bittere Erkenntnis mit sich, dass der Untertitel, den ich vor fünf

Jahren für *Warum unsere Kinder Tyrannen werden* gewählt habe, immer noch seine volle Berechtigung hat: »Die Abschaffung der Kindheit« schreitet immer weiter voran.

Dabei ist Kindheit die einzige Zeit in unserem Leben, in der wir keine Verantwortung tragen müssen. Das große Ganze regeln die Eltern und anderen Erwachsenen, Kinder müssen keine weitreichenden Entscheidungen treffen und sich für die möglicherweise negativen Folgen rechtfertigen. Die Welt ist überschaubar, Kinder werden geschützt, und unter diesem Schutz ist es ihnen möglich, sich in Ruhe zu entwickeln und nach und nach zu er-wachsen.

Es ist ein Geschenk der Natur, dass Kinder verantwortungslos sein dürfen. Wir ignorieren das heute allzu oft. Wir bürden Kindern Verantwortung auf und glauben, ihnen damit etwas Gutes zu tun. Indem wir sie im partnerschaftlichen Konzept als ebenbürtig definieren und auch so behandeln, nehmen wir ihnen die Kindheit und damit auch die Chance auf eine langsame, gleichmäßige Entwicklung ihrer Psyche – ein Prozess, der gleichbedeutend ist mit der Ausprägung emotionaler und sozialer Kompetenz.

Das ist eben das Paradoxon des modernen Denkens. Es setzt »Moderne«, den damit scheinbar verbundenen Fortschritt und die daraus ebenso scheinbar resultierende Freiheit als absolute Werte und unterbindet jede rationale Diskussion. Dabei wäre gerade der Begriff der Freiheit in Bezug auf Kinder und ihre Entwicklung immer wieder zu überdenken. Denn was ist eine kindliche Freiheit wert, die mit zunehmendem Alter erkennbar in Unfreiheit mündet?

Genau diesen Effekt haben wir nämlich zu verzeichnen: Im partnerschaftlichen Konzept vom Kind verzichten Erwachsene auf dringend notwendigen Halt für das Kind, sie ignorieren die positiven Auswirkungen von Strukturen für die kindliche Psyche zugunsten eines eher unscharf definierten Konzepts von Freiheit. Das Resultat ist die Unterentwicklung der emotionalen und sozialen Kompetenz, die beim jungen Erwachsenen zu Unfreiheit führt. Er ist unfrei, weil er in seinen Möglichkeiten, sein Erwerbsleben zu gestalten, stark eingeschränkt ist. Die Zusammenarbeit mit Kollegen, egal ob als Vorgesetzte oder als unterstellte Mitarbeiter, wird immer problematisch sein. Er ist unfrei, weil er in menschlichen Beziehungen immer wieder viel stärker dem Risiko des Scheiterns ausgesetzt ist als gleichaltrige Menschen mit hoher emotionaler und sozialer Kompetenz. Er sieht eigene Schwächen kaum, die Kompromissbereitschaft ist gering.

Vor diesem Hintergrund gilt es, neben der Entwicklung in den Familien und in der Gesellschaft allgemein, die in meinen bisherigen Büchern Schwerpunkt der Betrachtung waren, vor allem die Situation in Kindergärten und Schulen kritisch zu beleuchten.

Schule: Stress für 75 Prozent der Mütter

Über viele Formulierungen in Zeitungsartikeln liest man oberflächlich hinweg und erinnert sich wenig später nicht mehr an sie, selbst wenn der Artikel an sich interessant gewesen sein mag. Manchmal jedoch stolpert man geradezu über einen Satz, weil er so absurd klingt, dass man ihn auch nach mehrmaligem Lesen noch nicht so recht glauben will.

Solch einen Satz fand ich Anfang 2013 in einem Artikel der *Welt am Sonntag*. Dort stand bereits in den einleitenden Sätzen der Überschrift: »75 Prozent der Mütter fühlen sich durch den Unterricht belastet.«[3]

75 Prozent der Mütter? Was stimmt nicht an dem Satz? Sollte man nicht meinen, dass Schule allenfalls bei den Schülern Stress auslöst? Oder, auf andere Art und Weise beziehungsweise aus anderen Gründen, bei den Lehrern?

Nein, hier stand es schwarz auf weiß: Es sind die *Mütter*, die den Stress empfinden (warum die Väter außen vor bleiben, erklärt die Autorin leider nicht). Sie geraten nach Aussage der Studie »Eltern – Lehrer – Schulerfolg«[4], auf der der Artikel basiert, »in die Rolle des Hilfslehrers«.

Interessant ist hier vor allem die Tatsache, dass es zwei

grundsätzlich unterschiedliche Interpretationsmöglichkeiten dieses Satzes gibt.

Zunächst ist da die Deutung, die die Autoren der Studie und im Zuge dessen auch die Autorin des Artikels nahelegen: Die schulischen Anforderungen, so lautet die Theorie, seien dermaßen hoch, dass die Mütter nachmittags daheim Lehreraufgaben verrichten müssten, weil die Kinder sonst nicht mit dem Lernen des Stoffes hinterherkämen: »Um dem Nachwuchs möglichst gute Startchancen zu verschaffen, setzt das Gros der Eltern vor allem die eigene Zeit ein. Mütter, mehr noch als Väter akzeptieren die Rolle des Hilfslehrers.« Und dann der Killersatz, dass 75 Prozent der Mütter sich durch die Schule belastet fühlten.

Die Schule also, so lautet die Vermutung im *Welt*-Artikel, ist schuld an der Belastung der Familien, mehr noch: Das ganze Schulsystem. Lernkonzepte und -methoden müssen reformiert werden, die Schüler brauchen mehr Freiheit, dann werden auch die Mütter entlastet.

Das von mir entwickelte Modell der Beziehungsstörungen und ihrer Auswirkungen auf Kinder und Jugendliche legt hingegen eine andere Interpretation nahe, die den durch die schulische Belastung ausgelösten Druck als Grund durchaus registriert und integriert.

Die Mutter (aber genauso natürlich der Vater), die sich ernsthaft in der Rolle des »Hilfslehrers« sieht, zeigt deutlich, was ich schon an früherer Stelle in diesem Buch als »Symbiose« analysiert und beschrieben habe: Die Mutter nimmt den Druck auf ihr Schulkind ungefiltert als Druck auf sich selbst wahr. Anders ausgedrückt: Psychisch gesehen geht die Mutter für ihr Kind in die Schule, ihre Psyche ist mit der ihres Kindes verschmolzen, sodass sie sich und ihr Kind als eine Person empfindet.

Es ist keineswegs so, dass die Mutter bewusst die Entscheidung trifft, die Rolle einer Hilfslehrerin zu übernehmen, »weil die in der Schule es nicht hinbekommen«. Nein, die Psyche der Mutter befindet sich bereits im Katastrophenmodus und löst diese Entscheidung aus. Die Mutter ist durch den dauerhaft hohen Druck von außen selbst im Stress, läuft also schon im Hamsterrad und bekommt jetzt zusätzlichen Druck durch die Angst, ihr Kind werde es in der Schule nicht schaffen. Sie handelt in diesem Moment nicht mehr intuitiv und entscheidet aus dem Bauch heraus, welche nicht erbrachten Leistungen des Schülers eventuell auch zu vernachlässigen wären. Stattdessen nimmt sie automatisch den kompletten Druck auf sich und handelt, als wenn sie selbst der betroffene Schüler wäre.

Nicht, dass wir uns falsch verstehen: Eltern *sollen* selbstverständlich ihren Kindern helfen. Fragen der Eltern nach dem Schulalltag (»Wie war es heute in der Schule?«) genauso wie nach Lehrinhalten (»Was habt ihr heute gelernt?«) und den Leistungen der Kinder sind essenziell. Sie zeigen Interesse dafür, wie es dem Kind in seinem Alltag geht. Dieses Interesse ist jedoch im Normalfall nicht kopfgesteuert, sondern intuitiv. Normalerweise spüren eine Mutter oder ein Vater, wie weit ihr Engagement gehen sollte. Hat das Kind eine eventuell ungerechte Benotung erhalten, wissen Eltern intuitiv, wann der Punkt gekommen ist, an dem sie den Lehrer ansprechen müssen, um diese Frage zu klären. Und: Ansprechen heißt dann auch wirklich ansprechen. Damit meine ich, dass Eltern strittige Sachverhalte, seien es

Noten oder das Verhalten des Schülers, objektiv in offener Diskussion mit dem Lehrer klären sollten. Aggressives Vorgehen mit vorgefasster Meinung, am besten gleich unter Androhung juristischer Konsequenzen, wie es immer häufiger vorkommt, ist der falsche Weg.

Das Ergebnis der Studie legt indes Letzteres nahe. Wie werden wohl Eltern auf Lehrer reagieren, wenn sie sich stetig durch die Schule gestresst fühlen? Das Thema Schule ist für Eltern ja nicht der einzige Stressfaktor im Alltag. Der eigene Job ist eine zusätzliche Belastung, auch im Privatleben läuft nicht immer alles rund. Zu all dem kommt dann noch die ständige Beschallung mit Negativnachrichten von außen. Es ist kein Wunder, dass diese Kombination das Hamsterrad immer weiter antreibt, und es zeigt sich an dieser Aufstellung auch deutlich, dass es nicht um eine Frage von Schuld geht. Es sind häufig nette umgängliche Menschen, die in ihrem Verhalten als Eltern gegenüber pädagogischem Personal in Kindergärten oder Schulen plötzlich zu lauten, ungerechten und latent unsympathischen Aggressoren mutieren.

Dass gerade im Bereich der Beziehungen zwischen Lehrern und Eltern im letzten Jahrzehnt eine grundlegende Veränderung zum Schlechteren stattgefunden hat, konstatieren die Forscher der Studie über »Eltern – Lehrer – Schulerfolg« ganz klar:

> »Gesellschaftliche Veränderungen zeigen sich freilich nicht nur gleichsam ›isoliert‹ bei Schülerinnen und Schülern, sondern betreffen das Gesamtsystem Familie. So ist das Spektrum der Eltern und die Bandbreite

elterlichen Verhaltens und elterlicher Einstellungen innerhalb einer sozialen Schicht größer und heterogener geworden. Extreme Haltungen, die vor zehn Jahren eine Ausnahme darstellten, kommen heute häufiger vor, sodass die Arbeit mit Eltern anstrengender geworden ist und Lehrer stärker herausfordert.«[5]

Die Arbeit mit Eltern ist also »anstrengender« geworden. Das ist vorsichtig formuliert, wenn man hört, was Lehrer tagtäglich mit Eltern erleben, welchen Druck diese aufbauen und welcher Erwartungshaltung die Schule durch die Elternhäuser ausgesetzt ist.

Auch die genannte Studie greift das auf und benennt »drei Entwicklungen [...], die direkte und indirekte Auswirkungen auf Schule und die Kommunikation mit Eltern haben«.[6] Ich zitiere diese hier komplett, da sie das Problem recht gut beschreiben:

»1. Eine Zunahme jener Eltern, die kein Interesse (mehr) an ihrem Kind und dessen schulischer Entwicklung haben, die keine Energie (mehr) haben und die in der Schule nicht mehr sichtbar werden und von ihr nicht erreichbar sind: War dieses Phänomen früher *primär* auf die soziale Unterschicht beschränkt, bemerken es heute Lehrer bei Eltern aller gesellschaftlichen Schichten und Milieus – wenngleich die Ursachen verschieden sind.

2. Mehr Eltern, die ein Überengagement für ihre Kinder zeigen und – aus Sicht von Lehrern – überreagieren, zumeist aus Sorge um die Chancen ihres Kin-

des: Im Fall einer eventuellen Benachteiligung des eigenen Kindes kontaktieren diese Eltern direkt die Schulleitung oder gleich das Schulamt.
3. Erziehungsunsicherheit: Lehrer aller Schularten berichten, dass Elternarbeit immer häufiger ›Hilfe zur Erziehung‹ beinhaltet. Einem wachsenden Teil der Eltern sei das Basiswissen über Erziehung abhandengekommen und fehle die (intuitive) Sicherheit im Umgang mit ihren Kindern. Die Folgen: Erziehung ist immer häufiger problematisch und unklar, betroffene Eltern erleben sich als hilflos, orientierungslos und gescheitert und suchen Rat bei jenen, die ihre Kinder einen großen Teil des Tages begleiten und doch eigentlich gut kennen müssen, den Lehrern. Eine Folge dieser Erziehungsunsicherheit ist, dass Eltern Erziehung immer häufiger an die Schule delegieren – eine weitere Ausdehnung der Aufgaben von Lehrern, die sich in die Rolle von Sozialtherapeuten oder Psychologen gedrängt fühlen.«[7]

Noch einmal zusammengefasst: Wir haben es sowohl mit gar nicht engagierten Eltern zu tun als auch mit überengagierten Eltern, und bei beiden Gruppen handelt es sich um Erwachsene, denen die Intuition abhandengekommen ist. Diese drei Punkte sind tatsächlich typisch, wenn man die Auswirkungen der Beziehungsstörungen auf den Alltag von Schülern, Eltern und Lehrern beziehungsweise das Miteinander dieser Gruppen zeigen möchte.

Die beschriebenen Probleme wären im Grunde zunächst einmal nur persönliche Probleme zwischen Eltern und Lehrern. Wenn, ja wenn da nicht die Kinder wären. Denn bei all den Aussagen, die ich hier zu erwachsenen Menschen treffe, dürfen wir nicht aus den Augen verlieren, um wen es eigentlich geht: Die Leidtragenden der Probleme der Erwachsenen sind unsere Kinder, die sich weder gegen Störungen in der Beziehung zu ihren erwachsenen Bezugspersonen wehren können noch gegen das Korsett von Lernkonzepten und -theorien, in das sie von klein auf gezwängt werden. Das normale Kind, der normale Schüler kann sich immer nur so gut entwickeln, wie die Rahmenbedingungen es zulassen. Es gibt Ausnahmeschüler, die mit jedem Konzept klarkommen und sich trotz widriger Umstände prächtig entwickeln. Aber das sind und bleiben eben genau das: Ausnahmen.

Natürlich lässt sich Schule, lässt sich Kindergarten nicht ohne strukturelle Vorgaben organisieren. Es wird immer Lernkonzepte geben. Die Theorie auf Gebieten wie Hirn- oder Wahrnehmungsforschung wird immer ausgefeilter und liefert wichtige und interessante Erkenntnisse für den Bereich des Lernens. Nicht nur wünschenswert, sondern unbedingt notwendig wären jedoch Konzepte, die sich an den Linien kindlicher Entwicklung, gerade im psychischen Bereich, orientieren. Das gilt umso mehr, als wir inzwischen einen problematischen Status quo erreicht haben, der unser aller Zukunft negativ beeinflusst.

Die Konzepte, nach denen heute vielerorts gearbeitet wird, lassen diese dem Kind zugewandte Betrachtungsweise jedoch komplett vermissen. Und Zuwendung bedeutet auch Wertschätzung, ein Thema, zu dem ein kleiner Exkurs sich lohnt.

Exkurs: Wertschätzung

Ich stelle immer wieder fest, dass das unscheinbare Wort »Wertschätzung« offenbar keine Rolle mehr spielt – weder in der Beziehung zwischen Eltern und pädagogischem Personal noch in der Beziehung zwischen diesem und den Kindern. Dabei ist gegenseitige Wertschätzung als äußeres Zeichen von sozialer Kompetenz eine Grundvoraussetzung, um menschlich miteinander umzugehen.

Schauen wir zunächst auf das Verhältnis zwischen Lehrern und Eltern. Ohne dem Kapitel über die Schule, das später in diesem Buch folgt, zu stark vorgreifen zu wollen, lässt sich bereits jetzt feststellen, dass hier ein tiefgreifender Wandel stattgefunden hat, der das ganze System Schule schwer belastet. Lehrer berichten immer wieder von Vorfällen, die noch vor zehn bis fünfzehn Jahren die Ausnahme waren, heute jedoch bereits zum Alltag gehören. Symptomatisch ist da der Bericht eines Musikpädagogen an einer Grundschule in Hessen. Er ist dort zwar nicht als Lehrer unter Vertrag, bekommt jedoch Stunden zur Verfügung gestellt, um einen zusätzlichen Beitrag zur musikalischen Bildung der Kinder zu leisten. Eine lobenswerte Initiative also, sowohl vonseiten des Pädagogen als auch der Schule.

Seine Erfahrungen mit Eltern allerdings sind zwiespältig und gipfeln in Erlebnissen wie diesem, das er mir in einer langen Mail beschrieb:

> »Die Grundschullehrerin, die das Projekt und die Musikpädagogen vormittags betreut, wies mich darauf hin, dass einer meiner Schüler später noch einmal vorbeikommen wollte, um meine Kontaktdaten zu erfragen, da seine Eltern mich kontaktieren wollten. Ergebnis war eine eMail, in der zu lesen war, dass man besagten Schüler aus dem Instrumental-Unterricht nehmen wolle, dass das Kind die Unterrichtsatmosphäre als bedrückend und beängstigend empfinde und man mit dem Lernergebnis nicht zufrieden sei. Zudem solle ich ihren Sohn nicht weiter auf dieses Thema ansprechen und es dabei belassen. Ich hingegen hatte einen ganz anderen Eindruck von dem Jungen. Er verhielt sich keineswegs verängstigt, sondern eher extrovertiert. Gruppen-Clown wäre vielleicht etwas übertrieben, aber er war zumindest dessen Lehrling. Die Lernerfolge waren, nebenbei erwähnt, völlig in Ordnung und innerhalb des angedachten Ergebnis-Spektrums. Diese eMail und einige kurze Gespräche mit der Klassenlehrerin waren der einzige Austausch, der zu diesem Vorfall stattgefunden hat, was mir für eine Weile ein Gefühl von Ratlosigkeit und einer gewissen Ohnmacht eingebracht hat.«

Die Vermutung, dass es sich um einen Einzelfall handeln könnte, macht der Pädagoge gleich zunichte:

»Ich habe in diesem Jahr und in diesem Bereich mehr Konfliktpotenzial erlebt als in den ganzen sechs Jahren meiner noch jungen pädagogischen Laufbahn. Und dabei war nicht unbedingt der Konflikt mit den Kindern das, was Nerven raubte, sondern eher der Austausch mit den Eltern, wenn die ›Lernerfolge‹ ausblieben. Die Betonung liegt auf ›Lernerfolge‹, da allein schon dadurch Diskussionen entstanden, dass heutzutage jede Mutter und jeder Vater offensichtlich genau Bescheid weiß, wie moderne Musikerziehung auszusehen hat und was ihr Kind am Ende des Jahres können muss. Zudem schwang in allen Auseinandersetzungen aufgrund meines Alters immer ein leichter Vorwurf von pädagogischer Inkompetenz mit, da ich ja mit 25 Jahren natürlich noch nicht wissen könne, wie man ein Kind erzieht. Wobei dies, also die allgemeine Erziehung der Kinder, eigentlich ja noch nicht mal meine Aufgabe ist!«

Solche Beispiele gibt es viele, so gut wie jeder Lehrer kann aus den letzten Jahren vermehrt über Konfrontationen mit Eltern berichten, die bar jeder Vernunft und jeden Maßes sind. Es ist, als ob Lehrer automatisch ein Schild auf der Stirn hätten, auf dem groß und deutlich »Prügelknabe« steht, und als ob eine Wertschätzung des Pädagogen durch die Eltern überhaupt nicht mehr gefragt sei. Salonfähig ist deftige Lehrerschelte längst, spätestens jedoch, seit der ehemalige Bundeskanzler Schröder noch in seiner Zeit als niedersächsischer Ministerpräsident Lehrer als »faule Säcke« bezeichnete.

War es also bis vor etwa zwanzig Jahren in der Regel

eher der strenge oder manchmal vielleicht auch etwas sonderliche Pauker, der höchstens im Fokus von Schülerstreichen stand, so hat Lehrerkritik heute einen ganz anderen Anstrich. Sie geht von Eltern aus, die jegliche Distanz gegenüber einem anderen erwachsenen Menschen und jeglichen Respekt vor der Persönlichkeit und der fachlichen Kompetenz des Lehrers vermissen lassen.

Gleichzeitig mit der Distanz und dem Respekt ist auch die normale menschliche Wertschätzung verloren gegangen. Erklären lässt sich diese seltsame Veränderung nur mit der Beziehungsstörung der Symbiose. Wir haben es in der Symbiose mit Eltern zu tun, die buchstäblich *für* ihr Kind in die Schule gehen und sich daher jedes Mal persönlich angegriffen fühlen, wenn ein Lehrer Kritik übt. Die Rechtschreibschwäche des Sohnes, die Schwierigkeiten in Mathe, mit denen die Tochter zu kämpfen hat und die der Lehrer anmahnt, mutieren so zur Rechtschreibschwäche und zum Matheproblem der Eltern. Der Lehrer scheint der erste Verantwortliche für diese Funktionsstörung zu sein, da er schließlich in der Schule mit dem »Körperteil«, sprich: mit dem Kind, zu tun hat.

Im zitierten Beispiel des Musikpädagogen spielen die imaginierten und offensichtlich nicht erfüllten Lernerwartungen der Mutter eine Rolle, dazu kommt die unreflektierte Übernahme der Behauptungen ihres Sohnes. Auch diese überprüft die Mutter nicht im sachlichen Gespräch mit dem Lehrer, sondern übernimmt sie einfach, so wie man auch plötzliche Schmerzen in einem Körperteil nicht hinterfragen würde, sondern zum Arzt geht, um die Schmerzen behandeln zu lassen.

Dieses wie auch viele andere Beispiele zeigen klar die fehlende Wertschätzung der Lehrerschaft durch manche Eltern. Ohne Wertschätzung und Anerkennung, ohne positive Rückmeldung jedoch kann der Mensch nicht existieren, auch kein Lehrer. Ändert sich an dieser fehlenden Wertschätzung nichts, heißt das ganz klar, dass immer mehr Lehrer ihren Beruf nicht mehr richtig werden ausüben können. Die Zunahme von Burn-out-Phänomenen bei Lehrern zeigt das deutlich. Lehrer stehen somit immer häufiger vor der Wahl, entweder den Beruf aufzugeben beziehungsweise zu wechseln oder gute Miene zum bösen Spiel zu machen und so oft wie möglich Konflikten von vornherein auszuweichen. Ganz klar ist, was beide Varianten für die Schüler bedeuten: Die dringend benötigte Bezugsperson in der Schule fällt weg, die Entwicklung wird – wie schon im Kindergarten – erneut gehemmt, Eltern und Lehrer versündigen sich ungewollt an der zukünftigen Generation.

Folglich müsste ein wichtiges Thema, auch in den Erziehungswissenschaften, die Beantwortung der Frage sein, wie es gelingen kann, dass Lehrer wieder mehr Wertschätzung erfahren. Diese Wertschätzung muss im Übrigen nicht nur von den Eltern kommen, sondern auch von den Vorgesetzten. Schulleitungen und übergeordnete Behörden müssen sich hinter die Kollegen stellen, statt in Konflikten sofort einzuknicken, so wie ich es leider immer häufiger von betroffenen Lehrern erfahre.

»Wir denken doch vom Kind aus!« – Wie Kindergärten sich selbst in die Falle hineinmanövrieren

Es ist ja nicht so, dass alles immer schon so war, wie es heute ist. Die Welt verändert sich, auch die Welt der Kindergärten und der Schulen. Doch leider bedeutet Veränderung nicht immer auch Verbesserung. Allerdings sitzen in den Elfenbeintürmen der erziehungswissenschaftlichen Fakultäten in Deutschland erstaunlich viele Pädagogen, die anscheinend glauben, mit jedem neuen Lernmodell werde die Welt automatisch ein wenig besser. Die Leidtragenden dieser Forschung als Selbstzweck sind an erster Stelle Schüler und Kindergartenkinder, an zweiter Stelle ihre Lehrer und Erzieher.

Was passiert, wenn die Theorie auf die Praxis trifft, zeigt das Beispiel eines Kindergartens in einer ostdeutschen Großstadt, aus dem mir eine Mutter in einer Mail berichtet:

> »Bisher waren wir sehr mit dem Konzept unseres Kindergartens hier zufrieden. Es war ein Konzept der ›alten Schule‹: Ein kleiner Kindergarten mit zwei Gruppen à 20 Kindern, insgesamt also 40 Kindergartenkinder. Diese erwartete ein geregelter Tagesablauf

in der gesamten Einrichtung. Es gab für jede Gruppe einen Monatsplan, mit dem man sich innerhalb des täglichen Lernangebotes am Vormittag kinder- und altersgerecht auseinandersetzte. Und zwar gemeinsam mit den Kindern. Der Tag hatte eine Struktur, und die Erzieher sind gestandene Erzieher, die die Erwachsenenebene für sich innehatten. Es gab einheitliche Mahlzeiten und einen stets aktuellen Wochenplan, auf dem die Eltern sehen konnten, was ihre Kinder in der jeweiligen Woche erwarten würde. Kleine Ausführungen der Erzieher, was das Kind Neues gelernt hat oder einfach nur gut gemacht hatte, waren selbstverständlich zu jeder Zeit möglich.«

Die Mutter beschreibt den alten Status quo, der im Großen und Ganzen nach einer Einrichtung klingt, in der die Kinder als Kinder gesehen und ihrem Alter entsprechend von den Erziehern eng begleitet werden. Besonders wichtig ist für mich die Bemerkung, dass die Erzieher »die Erwachsenenebene innehatten«, ein Hinweis darauf, dass sie die Kindergartenarbeit nicht durch falsch verstandene Partnerschaftlichkeit untergraben haben.

Doch heute ist in dieser Einrichtung alles anders. Und zwar ohne dass es aus der Elternschaft Anregungen gegeben hätte und ohne dass in den beiden Kindergruppen Probleme über das übliche Maß hinaus existiert hätten. Die Mutter berichtet hierzu:

»Das Konzept wurde umgestellt, hin zu einem Konzept unter dem Begriff ›Pädagogik vom Kinde aus‹.

Ein anderer Name dafür ist ›offenes Haus‹. Im Mittelpunkt steht die These: ›Kinder befähigen, sich Wissen und Können selbst zu erwerben. Das ist Bildung!‹ Es wurde binnen weniger Wochen der gesamte Kindergarten umgestaltet. Lernangebote in der alten Form gibt es nicht mehr, dafür ist den ganzen Tag freies Spielen angesagt. Egal, in welchem Raum, das suchen die Kinder aus. Die Kinder können sich komplett aussuchen, was sie machen. Leseecke, Bastelecke, Turnecke, Spielzeugecke, die Erzieher leiten nicht an, sondern kommen dazu, wenn Kinder entschieden haben, was sie machen wollen. Kinder, die nicht teilnehmen wollen, können einfach weiterspielen. Die Erzieherinnen scheinen damit glücklich zu sein, eine einzige sagte uns: ›Ich weiß gar nicht, für was ich eine wirklich tolle Ausbildung gemacht habe. Ich bin ja nur noch Aufpasser.‹ Einen Wochenplan gibt es nicht mehr, da gar nichts mehr geplant wird. Die bisherigen Gruppen finden sich nur noch beim Mittagessen zusammen.«

Das klingt vielleicht beim ersten Lesen gar nicht mal so dramatisch. Die Kinder entscheiden selbst, werden befähigt, Wissen und Können zu erwerben, sie dürfen den ganzen Tag spielen und sich aussuchen, was sie machen wollen. Ein aktuelles Beispiel für solche »modernen« Konzepte, von dem ich in letzter Zeit immer wieder höre, ist die Einrichtung sogenannter »Cafés« oder »Bistros« im Kindergarten. Die feste Zeit, zu der gemeinsam gegessen wird, ist komplett aufgehoben, die Kinder können nach Belieben ins »Café« kommen, um zu trinken und zu essen, wann und mit wem sie wollen. Notfalls eben auch allein. Die Erzieherin öffnet höchstens noch die Saftpackung. Klingt nach Paradies? Ist es aber nicht.

Es ist von außen erst einmal gar nicht so einfach zu erkennen, warum die Idee der »Cafés« im Kindergarten ein weiterer Schritt in die falsche Richtung ist. Es kommt hier zu einer Verwechslung zweier Begriffe, die ganz unterschiedliche Dinge beschreiben. Die Verfechter des Konzeptes argumentieren damit, dass solche Angebote die Selbstständigkeit der Kinder fördern. Sie sollen nicht von außen gezwungen werden, zu essen oder zu trinken, obwohl sie vielleicht gerade gar keinen Hunger oder Durst haben. Das ist aber gar nicht der entscheidende Punkt.

Tatsächlich verwechseln die Anhänger dieser Konzepte Selbstständigkeit mit Selbstbestimmung. Die Kinder agieren nicht selbstständig, sondern sie verhalten sich wie Säuglinge: Der Säugling befindet sich auf einer psychischen Entwicklungsstufe, in der er ganz natürlich immer selbst den Zeitpunkt bestimmt, zu dem er trinkt. Kindergartenkinder stehen aber auf einer höheren Stufe der Entwicklungspyramide. Ein fünfjähriges Kindergartenkind, das morgens um halb neun ein leichtes Hungergefühl äußert, ist durchaus in der Lage, auf das gemeinsame Frühstück um neun Uhr zu warten. Die Entwicklungsstufen, die ich in der Pyramide beschrieben habe, sind jedoch scheinbar für Erzieherinnen kein Thema mehr.

Dass Kindergartenkinder damit auf der psychischen Entwicklungsstufe eines Säuglings verharren, ist nicht das einzige Problem des »Café«-Konzepts. Darüber hinaus sind die Kinder in diesem Konzept weitgehend sich selbst überlassen.

Die Erzieherinnen verlieren das Gespür dafür, dass es beim gemeinsamen Frühstück weniger um den Akt des Essens und Trinkens an sich geht, sondern um die Förderung des sozialen Miteinanders. Diese Förderung findet nicht statt, wenn jedes Kind isst und trinkt, wann und wo es möchte. Es gibt sie nur, wenn die Erzieherinnen aktiv die Frühstücksrunde zusammenrufen und gemeinsam mit den Kindern Getränke und Essen zubereiten und anschließend auf den Tisch stellen. Und es ist ja auch keineswegs verboten, wenn sie die Selbstständigkeit der Kinder fördern, indem sie den Kleinen erlauben, sich den Saft selbst in den Becher zu gießen.

Diesen Unterschied zwischen Selbstständigkeit und Selbstbestimmung sollten Erzieherinnen und Erzieher verstehen. Ein Kind, das in offenen pädagogischen Konzepten häufig sich selbst überlassen wird, lernt dadurch nicht automatisch Selbstständigkeit, sondern es wird dazu animiert, sich wie auf einer viel früheren Altersstufe selbstbestimmend zu verhalten. Die Entwicklung sozialer und emotionaler Kompetenz wird damit ganz klar behindert.

An diesem Beispiel des beschriebenen Kindergartens lässt sich die Tragik der Situation gut zeigen. Natürlich nimmt die Kindergartenleitung Veränderungen nicht deshalb vor, damit am Ende eine Verschlechterung herauskommt. Verbesserungen sind immer das Ziel, und auch in diesem Fall ist der Glaube an die Richtigkeit dieser Veränderungen vermutlich groß. Aber allein das ist schon tragisch. Der Kindergartenleitung ist ihre Einrichtung keineswegs egal, im Gegenteil: Sie ist engagiert, beschäftigt sich mit neuen pädagogischen Ansätzen, denkt über Verbesserungen nach und wird selbst aktiv. Redet also nicht nur, sondern handelt.

Eigentlich ist das ideal, manche Firma würde sich leitende Angestellte dieses Formats wünschen.

Allein: Handeln an sich heißt noch nicht, dass tatsächlich Verbesserungen geschaffen werden. Denn hier ist das nicht der Fall. Die Kindergartenleitung stößt aus falsch verstandener Kinderfreundlichkeit ein bewährtes Konzept um. Interessant wäre, von den für die Veränderungen Verantwortlichen zu erfahren, welche Fehlentwicklungen in ihrem Kindergarten denn eigentlich dazu geführt haben, dass so dringend grundlegende Änderungen her mussten. Es ist stark zu vermuten, dass sie diese Frage kaum befriedigend beantworten können. Denn eine Antwort, die dringenden Handlungsbedarf tatsächlich nahelegt, würde ja auch ein schlechtes Licht auf die Arbeit der Erzieherinnen und Erzieher in der Vergangenheit werfen. Das wiederum kann im Grunde nicht stimmen, denn die Mutter erklärte ja mir gegenüber, dass sie mit dem Konzept des Kindergartens bisher sehr zufrieden gewesen sei.

Um einen noch konkreteren Eindruck zu bekommen, wie sehr sich die Arbeit in Kindergärten verändert hat, möchte ich an dieser Stelle eines der vielen Gespräche, die ich für dieses Buch mit Erzieherinnen und Erziehern sowie Lehrerinnen und Lehrern verschiedener Schulen geführt habe, in Interviewform wiedergeben. Es handelt sich bei meiner Gesprächspartnerin um die Leiterin eines Kindergartens in Norddeutschland. Sie geht mit viel Engagement und Herzblut ihrem Beruf nach, hat aber das Gefühl, dass der Weg, den sie mit Kolleginnen und Kindern gehen möchte, mehr und mehr zur Sackgasse wird.

In Ihrem Kindergarten ist, wie in jeder anderen Einrichtung auch, immer viel Trubel. Hatten Sie heute schon ein Erlebnis, an das Sie sich besonders erinnern?
Nun ja, heute gab es mal wieder ein Erlebnis mit einem Mädchen, das uns, seit es in der Einrichtung ist, immer mal wieder durch seine »Spezialität« erstaunt.

Was ist diese »Spezialität«?
Es kotzt auf Knopfdruck.

Bitte?!
Entschuldigen Sie die derbe Ausdrucksweise, aber ich bin immer noch ziemlich fertig von meinem Arbeitstag, da mag ich manchmal einfach kein Blatt mehr vor den Mund nehmen. Aber es ist tatsächlich wahr: Dieses Kind, ein vierjähriges Mädchen aus gutem Hause, schafft es, sich absichtlich zu übergeben, wenn ihm etwas nicht passt oder es nicht sofort bekommt, was es will.

Nur im Kindergarten oder auch daheim?
Wie ich aus Gesprächen mit den Eltern weiß, passiert das auch daheim. Die Sofas und der Boden in diversen Zimmern haben bereits gelitten, und hier in der Einrichtung macht sie es direkt vor die Füße der Erzieherinnen. Als es das erste Mal passierte, konnte ich nicht glauben, was ich sehe, wir haben die Eltern mit dem Kind zum Arzt geschickt, weil wir natürlich von einem Magen-Darm-Infekt ausgegangen sind, auch wenn es vorher keinerlei Krankheitsanzeichen gab.

Aber es war kein Infekt. Das Kind schafft es tatsächlich, das auf Knopfdruck zu machen.

Wie reagieren die Eltern?
Obwohl das Spielchen daheim auch passiert, war es zunächst so, dass die Kleine den Eltern erzählt hat, sie habe im Kindergarten Probleme mit den Erzieherinnen, wir würden sie ungerecht behandeln, und sie habe sich deshalb übergeben müssen. Daraufhin hatte ich ein sehr unangenehmes Gespräch mit den Eltern, die vollkommen uneinsichtig waren und dem Kindergarten die Schuld am Verhalten ihrer Tochter gaben. Erst als dieses Verhalten sich häufte, auch im Elternhaus, waren die Eltern bereit, sich überhaupt beraten zu lassen. Mittlerweile ist es etwas besser geworden, ich merke aber vor allem dem Vater an, dass es ihm sehr schwerfällt, sich überhaupt in irgendeiner Weise vom Kind abzugrenzen. Da ist sie nach wie vor die Prinzessin, die bestimmt, wo es langgeht.

Das ist hoffentlich nur ein Ausnahmefall?
In dieser Form schon, von der generellen Tendenz her sicher nicht. Ich arbeite seit mittlerweile etwa fünfzehn Jahren als Erzieherin und merke ganz deutlich, wie sich die Verhältnisse verschoben haben. Hatten wir zu meiner Anfangszeit im ganzen Kindergarten vielleicht ein oder zwei Kinder mit derartigen Auffälligkeiten, so sind es heute sicherlich mindestens vier pro Gruppe, Tendenz steigend.

Wie sieht das Konzept in Ihrem Kindergarten aus?
Wir versuchen, so klassisch wie möglich zu arbeiten. Stammgruppen und Erzieherinnen, die die Arbeit mit den Kindern von sich aus strukturieren und leiten. Ich habe in der Vergangenheit sehr schlechte Erfahrungen mit offenen Konzepten gemacht und sehe das auch heute in anderen Einrichtungen. Dort laufen die Kinder noch mehr aus dem Ruder als bei uns, weil sie im Rahmen der Angebotspädagogik kaum noch Anleitung und Beziehung haben, sondern weitgehend sich selbst überlassen sind.

Was hat diese Entwicklung für Auswirkungen auf Sie und Ihr Verhältnis zu Ihrem Beruf?
Ich hätte es mir früher nie vorstellen können, aber ich muss es mittlerweile ganz ehrlich sagen: Ich mache meinen Beruf nicht mehr gern. Wenn ich die Möglichkeit hätte, noch einmal mit etwas ganz anderem neu anzufangen, würde ich es sofort tun. Während der Arbeit verdränge ich solche Gedanken natürlich, aber ich habe auch manchmal Angst, dass man es mir anmerkt und ich meine Arbeit nicht mehr so mache, wie es meinem Anspruch an mich selbst genügt. Das Letzte, was ich möchte, ist, dass die Kinder unter meiner Erschöpfung leiden, aber ich sehe diese Gefahr durchaus, bei mir genauso wie bei Kolleginnen in anderen Kindergärten.

Beim Austausch mit anderen Einrichtungen kommen ähnliche Geschichten auf den Tisch?

Ja, klar. Hätte ich das Gefühl, es liegt nur an uns oder gar an mir, hätte ich längst die Konsequenzen gezogen. Aber ich spreche oft mit anderen Leiterinnen und Erzieherinnen, und es ist mehr als einmal vorgekommen, dass irgendwann die Tränen fließen, weil das Gefühl besteht, der Situation mit zu vielen problembeladenen Eltern und Kindern nicht mehr gewachsen zu sein. Viele von uns fühlen sich zum Reparaturbetrieb degradiert, der retten soll, was in den Familien nicht mehr klappt.

Man kann es also drehen und wenden, wie man will, die Konzeptänderungen in vielen Kindergärten müssen andere Hintergründe haben als die Erkenntnis der Erzieherinnen selbst, dass etwas nicht stimmt. Um welche Hintergründe es sich handelt, macht ein Zitat aus dem frisch umgestalteten und schriftlich ausformulierten Konzept eines anderen Kindergartens in Nordrhein-Westfalen deutlich. Zu dem Punkt »Ziele der pädagogischen Arbeit und deren Umsetzung« gibt es einen Unterpunkt, der bezeichnenderweise den Titel »Das Bild vom Kind« trägt. In aller Eindeutigkeit heißt es da:

»Das Bild vom Kind hat sich in der Erziehungswelt in den letzten Jahren stark gewandelt. Das Kind ist dabei um ein Vielfaches selbständiger und emanzipierter geworden. Das Streben nach Autonomie, danach, sich selbst und seinen eigenen Weg zu finden, die Individualität, die Persönlichkeit und die Selbständigkeit des Kindes bilden, unter Berücksichtigung der Selbstbildungsprozesse, die Basis der gesamten pädagogischen Arbeit.«

In diesen wenigen Sätzen liegt das Dilemma, dem ich mich seit Jahren widme, versteckt. Das heißt: Eigentlich tritt es sogar offen zutage, die Verantwortlichen im Kindergarten sehen es aber nicht und können es daher auch nicht angehen.

Besonders den zweiten Satz des eben angeführten Zitats muss man sich auf der Zunge zergehen lassen. »Das Kind ist dabei um ein Vielfaches selbständiger und emanzipierter geworden.« Was genau behaupten die Autoren hier eigentlich? Wer den Satz im Zusammenhang mit dem ersten aufmerksam liest und interpretiert, stellt erstaunt fest, dass sich Kinder offensichtlich *freiwillig* total verändert haben, und zwar, weil die Erziehungswissenschaft ein neues Bild vom Kind etabliert hat.

Wer richtet sich hier nach wem? Offensichtlich betrachtet nicht die Erziehungswissenschaft das Kind beziehungsweise die Kinder und passt danach ihre Theoriebildung an. Im Gegenteil: Sie setzt unterschiedliche Theorien in die Welt und erstellt danach ein neues Bild vom »idealen« Kind, das anschließend auf alle real existierenden Kinder projiziert wird.

Doch wie sollte dieser Prozess in der Realität vonstatten gegangen sein, wie sind unsere Kinder plötzlich »selbständiger und emanzipierter« geworden, und zwar »um ein Vielfaches«? Haben wir heute tatsächlich komplett andere Menschen als früher? Sind gesicherte entwicklungspsychologische Erkenntnisse pulverisiert worden und gelten nicht länger? Sicher nicht.

Diese Feststellung resultiert einzig und allein aus der zitierten Wandlung des »Bildes vom Kind«. Die Erziehungswissenschaft hat mit Macht ein neues »Bild vom Kind« entworfen, aus dem wiederum die unterschiedlichen »Konzepte vom Kind« entstanden sind, die ich vor allem in *Tyrannen müssen nicht sein* erläutert habe: »Das Kind als Partner«, »Ich will vom Kind geliebt werden« sowie »Das Kind ist Teil meiner selbst«. Es sind also nicht nur die äußeren Umstände des Hamsterrads, in dem sich Eltern befinden und die den Blick auf die eigenen Kinder verändern. Auch die Pädagogik hat ein Bild vom Kind entwickelt, in dem Kinder nicht mehr Kinder sein dürfen, sondern als kleine Erwachsene behandelt werden. Mit allen Konsequenzen für ihre emotionale und soziale Entwicklung, mit allen Konsequenzen für die empfindliche Kinderseele. Beides bleibt auf der Strecke.

Das hier zitierte Kindergartenkonzept ist nur eines von vielen ähnlich gestrickten, die ich gesehen habe. Geht man es bis zum Ende durch, trifft man auf manche weitere bemerkenswerte Aussage. Vieles davon klingt im ersten Moment durchaus vernünftig, der Teufel steckt wie immer im Detail beziehungsweise in der Denkweise, die sich hinter den wohlklingenden Formulierungen verbirgt. Unter dem Stichwort »Partizipative Pädagogik« steht beispielsweise:

> »Im Rahmen der Projektarbeit können die Kinder erste Erfahrungen sammeln, ihre Lerninhalte aktiv mit zu gestalten. Ihre Meinung und Vorstellung zur Umsetzung von Projektthemen wird ernst genommen, hier geht es um das gemeinsame Lernen von Erzieherinnen und Kindern.«

Klingt alles richtig gut. Kinder sollen Erfahrungen sammeln und dabei aktiv sein, die Erzieherinnen sollen sie ernst nehmen. Was soll daran schlecht sein? Ehrlich gesagt: Daran ist gar nichts schlecht. Allerdings entlarvt der letzte Halbsatz auch hier wieder das Bild vom Kind, das diesem partizipativen Denken zugrunde liegt: Die Kinder lernen nicht mehr *von* den Erzieherinnen, weil das im Konzept »Kind als Partner« als autoritär und rückständig empfunden würde. Die Erzieherinnen lernen *gemeinsam* mit den Kindern, begeben sich also auf eine Stufe mit ihren Schützlingen.

Was ist die Folge? Das Kind verliert tendenziell das Gegenüber, an dem es sich orientiert und durch das es lernt. Die Erzieherin, die das Kind nicht mehr als Kind sehen darf, sondern es wie einen fertig entwickelten, autonom denkenden Menschen behandeln soll, ist gezwungen, sich aus der Beziehung zum Kindergartenkind zurückzuziehen und sich an den Rand drängen zu lassen. Wenn Kindergärten diese Tatsache dann noch in Form von Konzepten institutionalisieren, ist das ein Riesenproblem, denn Erzieherinnen und Erzieher werden damit auf längere Sicht überflüssig.

Mit welcher Konsequenz diese Abschaffung des Kindergartenpersonals betrieben wird, zeigt ein »Stufenmodell der Beteiligung«, das von der Kindergartenleitung neben einigen theoretischen Texten als Erläuterung diesem Kindergartenkonzept beigegeben wurde. Die vier Stufen sehen wie folgt aus:

> »Information: Kinder sollen angemessen informiert werden.

Gehört werden: Die Bedürfnisse und Ideen der Kinder sollen gehört werden. Dazu ist es wichtig, dass nicht nur die Kinder ihre Ideen nennen können, sondern auch die pädagogischen Fachkräfte und die Eltern.

Mitbestimmen: In der Stufe der Mitbestimmung soll eine gemeinsame Entscheidung getroffen werden. Hier steht der gleichwertige Austausch von Argumenten und Standpunkten im Vordergrund, um gemeinsam zu einer tragfähigen Entscheidung zu kommen.

Selbst bestimmen: In der Stufe der Selbstbestimmung überlassen die Erwachsenen den Kindern die Entscheidung.«

Stufe vier – Erwachsene überlassen den Kindern die Entscheidung – ist eindeutig die konsequente Erweiterung der dritten Stufe. Nachdem sich zunächst reines Erwachsenendenken Raum verschafft hat (»gleichwertiger Austausch von Argumenten und Standpunkten«), das Kind also auf die Erwachsenenebene geholt wurde, zieht sich der Erwachsene auf der letzten Stufe endgültig aus der Verantwortung und überträgt diese vollständig auf das Kind.

Wir erinnern uns: Kindheit ist die einzige Zeit im Leben, in der wir verantwortungs-los sein dürfen. Keine Last auf den Schultern, dafür Schutz und Anleitung durch Erwachsene: Das ist das eigentliche Privileg der Kindheit, das Kinderseelen gedeihen lässt, sodass Kinder zu emotional starken sowie sozial kompetenten Menschen heranwachsen können. Diese positive Verantwortungslosigkeit der Kindheit wird mit den beschriebenen Ideen konterkariert, sie drängen Kinder immer stärker in eine Position, in der sie alles

Mögliche selbst entscheiden sollen. Hintergrund ist immer das falsche Konzept vom Kind, das diesem Erwachseneneigenschaften zubilligt. Entwicklungspsychologisch kann ein Kind diese jedoch noch gar nicht haben.

Es ist vermutlich kein Zufall, dass die Pädagogik Möglichkeiten, Kinder im Kindergarten zu beteiligen, unter dem sehr interpretationsfähigen Oberbegriff »Partizipation«, also »Teilhabe«, zusammenfasst. Das lässt viele Deutungen zu, klingt gut und ist quasi kaum angreifbar. Manchmal jedoch finden sich in umfangreichen Dokumenten offizieller Natur kleine Erläuterungen, wie weit diese Teilhabe zu gehen hat. Schaut man beispielsweise in die »Bildungs- und Erziehungsempfehlungen für Kindertagesstätten in Rheinland-Pfalz«, so findet man eine Menge wohlklingender Worte über moderne Kindergartenpädagogik, und es bedürfte eines eigenen Buches, um die vielen diskussionswürdigen Stellen zu erläutern. Zum Begriff der »Partizipation« findet sich jedoch folgende Passage, die sich inhaltlich ein Stück weiter aus der über weite Strecken vorherrschenden Beliebigkeit hervortraut:

> »Selbstständiges Lernen und Partizipation von Kindern
>
> Die pädagogische Arbeit soll so angelegt sein, dass die Kinder zu selbstständigem Handeln und Lernen angeregt werden. Die Kinder sollen lernen, eigene Entscheidungen zu treffen und zu verantworten. Durch Partizipation im Alltag der Kindertagesstätte erleben Kinder zentrale Prinzipien von Demokratie. Partizipation setzt eine entsprechende Haltung von Erzieherinnen und Erziehern voraus, die sich in alltäg-

lichen Handlungen und in besonderen Methoden wie z.B. der Kinderkonferenz widerspiegeln.
Voraussetzungen hierzu sind, dass:
- die Beteiligung der Kinder als Planungs- und Handlungsgrundsatz gilt,
- Raumnutzung und Raumgestaltung flexibel sind,
- den Kindern das Material zur freien Auswahl zur Verfügung steht,
- die Kinder über Art und Dauer einzelner Aktivitäten in der Regel frei entscheiden können,
- die Kinder kleine Gruppen bilden und sich für Einzeltätigkeiten spontan entscheiden können,
- die Erzieherinnen und Erzieher die Wünsche und Interessen der Kinder ernst nehmen und mit ihnen zusammen planen,
- die Erzieherinnen und Erzieher vor allem eigene Aktivitäten der Kinder anregen und fördern,
- Normen und Gebote den Kindern verständlich sind, wobei die Kinder die Zweckmäßigkeit infrage stellen können,
- Regeln mit Kindern gemeinsam ausgehandelt werden.«

Man muss es sich immer wieder vor Augen führen: All diese Aussagen beziehen sich auf Kinder in einem Alter zwischen zwei und sechs Jahren! Wie weit die kindliche Psyche sich in Bezug auf selbstständiges und freies Denken und Handeln in diesem Alter normalerweise entwickelt hat, lässt sich an der Entwicklungspyramide ablesen. Vier- oder Fünfjährige brauchen Anleitung, Begleitung, Spiegelung, sie brauchen vor allem die Erzieherinnen als feste Bezugsperson. Dabei gibt es einen Unterschied zwischen Beziehung und Kontakt. Wenn Erzieherinnen »Regeln verhandeln«, sind sie auch in Kontakt mit den Kindern. Die Erzieherinnen beziehen die Kinder aber in diesem Moment nicht auf sich, sondern überfordern sie mit ihrer partnerschaftlichen Sichtweise, indem sie sie verhandeln lassen wie Erwachsene.

Auffällig an dieser Passage ist auf jeden Fall die Tendenz, klassische Aufgaben der Erzieherinnen an Kinder zu delegieren. Man suggeriert damit, das sei notwendig, damit aus Kindern gute Demokraten werden. Aus meiner Sicht wäre die Voraussetzung, um als Erwachsener Demokratie leben zu können, jedoch vor allem eine entwickelte emotionale Psyche.

Wohlgemerkt: Mir geht es nicht darum, dem Kind jegliche Möglichkeit zu Entscheidungen abzusprechen. Kinder sollen und können sich äußern, es muss nur klar sein, dass Erwachsene je nach Alter des Kindes entscheiden, in welchem Bereich diese Entscheidungen stattfinden und wie weit diese gehen sollen. In der Regel werden Kinder dann sogenannte Unterentscheidungen treffen können. Das heißt: Ich als Erwachsener entscheide, ob das Kind noch ein Stück Kuchen essen darf, das Kind kann aber sagen, ob es Erdbeerkuchen oder Kirschkuchen möchte. Ich entscheide, ob Zeit und Gelegenheit ist, auf den Spielplatz zu gehen, das Kind kann aber sagen, ob es rutschen, klettern oder in der Sandkiste spielen möchte. Dies sind nur zwei Beispiele, Ihnen als Leser werden sicherlich diverse weitere Situationen einfallen, in denen Erwachsene Kinder auf diese Weise schützen und leiten.

Die einzelne Erzieherin kann sich indes dem Druck, »modern« zu arbeiten, kaum entziehen und ist dadurch gezwungen, Konzepte in ihrer täglichen Arbeit anzuwenden, die sie selbst vielleicht gar nicht mittragen möchte. So schrieb mir kürzlich eine Erzieherin aus einem österreichischen Kindergarten:

> »Zur Zeit ist das Thema ›Offene Systeme‹ scheinbar das Lieblingsthema der Fachberatungsstellen bei uns. Ich erlebe sehr viele bemühte und engagierte Kindergartenpädagogen, die gute und qualitätvolle Bildungs- und Erziehungsarbeit leisten, die ›ihre Kinder‹ gut wahrnehmen und kennen und das Zusammenleben in den Kindergartengruppen differenziert gestalten. Sie verschließen sich nicht den Bedürfnissen der Kinder. Oft sind sie jedoch der starken Kritik ausgesetzt, wenn sie sich dem einen oder anderen neuen pädagogischen Konzept nicht ›beugen‹ wollen. Pädagogische Prozesse sind immer in Bewegung, und Methoden und Strukturen gehören meiner Meinung nach natürlich hinterfragt und gegebenenfalls modifiziert. Grundbedürfnisse bleiben jedoch gleich. Konzepte verordnen zu wollen, halte ich für schwierig und für ein Untergraben der fachlichen Kompetenz derer, die an der Basis arbeiten.«

Der entscheidende Satz aus der Feder dieser altgedienten Erzieherin lautet: »Grundbedürfnisse bleiben jedoch gleich.« Genau so ist es. Es bleiben aber nicht nur die Grundbedürfnisse der Kinder nach Schutz und Anleitung gleich, sondern auch die entwicklungspsychologischen Grundlagen dieser

Bedürfnisse sowie die Grundrechte der Kinder. Zu diesen Grundrechten gehört für mich auch das Recht auf Erwachsene, die imstande sind, eine altersgemäße kindliche Entwicklung zu gewährleisten.

Wie dramatisch sich die Situation im Kindergartenbereich verschlechtert hat, zeigt folgende Mail, die ich von einer Erzieherin aus dem Ruhrgebiet erhielt und die ich als mahnendes Beispiel am Ende dieses Kapitels in voller Länge zitieren möchte:

»Ich bin seit 30 Jahren in der Sozialarbeit tätig. Meinen Berufseinstieg hatte ich in einem Heim für verhaltensauffällige Jungs von 8 bis 20 Jahren. Die Arbeit machte mir Spaß. Wir waren ein Team von 35 Mitarbeitern. Wir arbeiteten im Schichtdienst und die 90 Kinder und Jugendlichen, die wir betreuten, hatten ihre problematischen Geschichten. Dennoch ging ich gern zur Arbeit. Auffallend war nämlich, dass die Erzieher/Innen, die fähig waren, klare Ansagen zu machen, bei den Jugendlichen angesehen waren und als ›cool‹ bezeichnet wurden. An die Namen dieser Betreuer erinnerten sich die jungen Männer noch Jahre später. Die Kollegen, die glaubten, bester Freund der Jungs sein zu müssen, erlebten zum Teil ihr blaues Wunder: Eine Kollegin wurde bei eisigem Wetter auf den Balkon ausgesperrt und rief etliche Zeit um Hilfe. Einem Kollegen wurde das gesamte Wohnzimmermobiliar aus dem 5ten Stock geworfen. Beispiele hätte ich noch einige parat.

Durch einen Umzug und zwei eigene Kinder

wechselte ich Ende der 90er das Arbeitsfeld und ging in die Vorschularbeit. Eingearbeitet wurde ich in die Kindergartenarbeit unter einer Leiterin, die der Überzeugung war, dass bei Kindern alles eine Frage der Entwicklung ist; alles kommt von allein. Wenn man den einzelnen Kindern nur ihr Tempo lässt und ihnen genug Freiraum bietet, ihre Präferenzen auszuleben, dann ist unser Erziehungsauftrag erfüllt. Ich war entsetzt! Da betreute ich Kinder, die 4 Jahre lang ausschließlich in der Sandkiste spielten. Andere, die ihre Zeit im Kindergarten damit verbrachten, im Bewegungsraum auf der Schaukel zu sitzen und kleinere Kinder zu vertreiben, die in ihr Revier eindrangen. Nach einem Jahr in dieser Einrichtung wurden die ersten Kinder eingeschult. Ich weiß es wie heute: Es sollten Raben ausgeschnitten, angemalt und aufgeklebt werden. Die Kinder, die nicht von ihren Eltern dazu angehalten wurden, feinmotorisch zu arbeiten, versagten auf ganzer Linie…

So konnte ich nicht arbeiten. Ich bewarb mich um eine Leitungsstelle in einem kommunalen Kindergarten und stellte beim Vorstellungsgespräch mein Konzept vor. 1999 übernahm ich daraufhin diesen Kindergarten, der bald im Umkreis dafür bekannt war, dass klare Grenzen für die Kinder existieren, dass es in der Woche jeweils eine Aufgabe für die Kinder gibt und dass die Anforderungen bis zum Schuleintritt stetig peu à peu steigen. Wir arbeiten gruppenbezogen, frühstücken z.B. mit den Kindern zusammen und bieten ihnen im Tagesablauf Strukturen an, in denen sich auch die Jüngsten sicher fühlen können. Unser Team war immer sehr stolz darauf, dass wir Kinder an die Schulen übergaben, die sich durch eine hohe Sozialkompetenz auszeichneten.

Da meine Kolleginnen und ich psychisch relativ stabil ausgestattet sind, haben wir lange Zeit in diesem Wandel der Auffassung von Erziehung bestehen können. Aber langsam kommen auch wir an unsere Grenzen: Die Politik suggeriert den Eltern, der Kindergarten oder die Krippe sei für alles zuständig. Eltern, die genauso sind, wie Sie es beschreiben. Kinder, die erziehungsresistent sind, da sie noch niemand von ihrem Thron geholt hat. Die Anforderungen der Politik, der Eltern, der Arbeitgeber steigt in einem Maße, und aller Druck wird von oben nach unten gegeben. Nebenher muss alles dokumentiert werden: Der Nationale Kriterienkatalog wird uns als die ›Best Practice‹ verkauft. Wir durchlaufen Zertifizierungslehrgänge, deren Sinn und Unsinn von den Leuten an der Basis, also denen, die in den Einrichtungen arbeiten, angezweifelt werden.

Ich erlebe heute zum Teil Kinder und Jugendliche in Einrichtungen, auf der Straße und in meinem Umfeld (wir haben ja auch Praktikanten), die mich an die Jugendlichen im Heim erinnern... und die galten damals als verhaltensauffällig. Eltern, die alles entschuldigen oder den Erziehern und Lehrern die Schuld geben, sind in unserem Alltag an der Tagesordnung. Ich bin überzeugt, dass sich die Verrohung der Gesellschaft noch verschlimmern wird, wenn wir weiterhin eine solche Auffassung von Erziehung ›pflegen‹ werden. Und: Ich habe Angst, älter zu werden! Ich gehöre zu den sogenannten geburtenstarken Jahrgängen und fürchte mich, wenn ich einmal alt bin, vor den Kindern, die ich heute zum Teil im Kindergarten betreue.

Und zum Schluss: Wenn wir in unserer Einrichtung ein Einzelfall wären, würde ich um ein weit höheres Supervisionsbudget kämpfen oder schlussendlich die Konsequenzen ziehen und mein Arbeitsfeld wechseln. So ist es aber leider nicht. Große Teile der »Sozialszene« sind ausgebrannt, erschöpft und desillusioniert. Ich gebe Fortbildungen für Erzieher/Innen, und immer wieder werde ich gefragt, woher ich noch die Kraft habe, mich mit so etwas zu beschäftigen. Es macht mir Spaß, ich bin begeistert von dem, was ich da tue und vermitteln kann – so wie ich es früher in meinem ›normalen‹ Berufsleben auch war, und dann ist Arbeit nicht anstrengend. Wenn Sie aber immer wieder mit Eltern diskutieren müssen, warum jetzt diese oder jene Grenze im Alltagsleben eines Kindergartens ausgerechnet für ihr Kind gelten soll, ist das einfach nur noch zermürbend. Ich trage jeden Tag ein Höchstmaß an Verantwortung und ich könnte endlos Beispiele nennen, wo es ausschließlich um die Haltung geht ›wenn die Welt sich schon dreht, dann wenigstens um MEIN KIND und MICH‹.«

Die Welt soll sich also »um mein Kind und mich« drehen. Es ist kein Wunder, dass unter diesem Anspruch zuletzt sowohl Kinder als auch Erwachsene zusammenbrechen müssen.

Neues aus der Sparte
»Wie Kinder gesehen werden«

Die beschriebenen Konzepte und Methoden im Kindergarten und später in der Schule entstehen natürlich nicht im luftleeren Raum. Sie resultieren direkt aus der Art und Weise, wie Erwachsene Kinder sehen. »Konzept Kind« habe ich das in *Tyrannen müssen nicht sein* genannt und dort die verschiedenen Konzepte beschrieben.

Die Entwicklung ist in den vergangenen Jahren nicht stehen geblieben. Kinder werden von Erwachsenen in zunehmendem Maße nach Erwachsenenmaßstäben beurteilt, selbst Menschen, von denen man es niemals annehmen sollte, verfallen in eine Art infantile Romantik, wenn sie über ihre eigenen Kinder sprechen, wie das folgende Beispiel zeigt.

Vor etwa einem Jahr war ich als Redner zu einer Veranstaltung eingeladen, auf der es darum ging, dass immer mehr Betriebe heute Schwierigkeiten haben, geeignete Auszubildende zu finden, weil diese den Ansprüchen der Unternehmen hinsichtlich solch grundlegender Dinge wie Pünktlichkeit, Genauigkeit oder Umgangsformen nicht annähernd entsprechen. Hier ging es also exakt um die Schwierigkeiten, die Gegenstand von *Persönlichkeiten statt Tyrannen* sind. Ich war insofern sehr erfreut über die Einladung und sah die Chance, mit meiner Analyse dort Gehör zu finden, wo neben Schule und Kindergarten auch Veränderungen angestoßen werden müssten, nämlich bei den Praktikern in den Betrieben.

Allerdings holte mich einer meiner Vorredner auf den Boden der Tatsachen zurück. Im Brustton der Überzeugung sagte er, es möge zwar hier und da Schwierigkeiten mit Jugendlichen ohne genaue Vorstellung von ihrer Rolle in der Berufswelt geben. Er selbst jedoch habe eine Tochter, die sich glänzend entwickle und bereits genau wisse, was sie später mal werden wolle. So weit, so gut. Doch dann stellte sich heraus, dass er von einem vierjährigen Kind sprach! Um das noch einmal zu betonen: Es handelte sich dabei nicht um einen Scherz. Der Redner war der festen Überzeugung, er könne die großartige Entwicklung seiner vierjährigen Tochter daran ablesen, dass sie ihm gegenüber formulierte, was sie später beruflich machen wolle.

Ganz klar: Dieses Kind verhält sich völlig normal. Jeder Vierjährige erzählt seinen Eltern oder anderen Bezugspersonen schon mal, was es werden möchte, wenn es groß ist. Das kann heute der Polizist sein, morgen der Astronaut und übermorgen Rennfahrer. Oder wahlweise auch Prinzessin, Dinosaurierjäger oder Wikingerkönig.

Man sieht bereits: Realismus schreiben Vierjährige bei ihren Zukunftsprognosen nicht so groß. Wie soll es auch anders sein bei Menschen, die sich in einer magischen Phase ihrer geistigen Entwicklung befinden und sich die Welt so gestalten, wie sie sie sich wünschen? Das ist für dieses

Alter vollkommen normal und gehört zum Entwicklungsverlauf. Nicht normal ist hingegen die Reaktion eines Erwachsenen, der diese Äußerungen (in diesem Fall wird es wohl keine Dinojägerin, sondern ein existierendes Berufsbild gewesen sein) ernst nimmt und dahingehend interpretiert, dass seine Tochter bereits klar umrissene Vorstellungen von ihrer Zukunft habe.

Das Beispiel zeigt, dass Intuition und realistische Einschätzung von Kindern zunehmend verloren gehen, sowohl bei Eltern als auch, leider in immer stärkerem Maße, bei Pädagogen. Hier zeigt der ständige Druck von außen durch Theoretiker in den Erziehungswissenschaften und Politiker, die diese Theorien anschließend in Vorschriften gießen, Wirkung. Welche Folgen das hat, zeigt ein Beispiel aus einem Kleinstadtkindergarten, der kurz vor einer Landtagswahl ein spezielles Angebot entwickelt hatte.

Ausgehend von der Annahme, man könne nie früh genug anfangen, Kindern demokratisches Gedankengut und entsprechendes Handeln beizubringen, entschloss sich die Kindergartenleitung, einen ganzen Monat unter das Motto »Wahlen« zu stellen. Die Kinder sollten »Parteien« gründen, »Programme« und »Forderungen« aufstellen und diese den anderen Kindern präsentieren. Zusätzlich zeigten die Erzieherinnen ihnen Porträts der lokalen Spitzenkandidaten, und die Kleinen sollten entscheiden, wen sie am »besten« finden. Schließlich kam man auf die Idee, einen dieser Spitzenkandidaten in den Kindergarten einzuladen, damit er den Kindern erklären möge, wie Politik funktioniert, warum Demokratie wichtig ist und was er als Politiker den ganzen Tag so macht.

Natürlich war das Ganze theoretisch unterfüttert, allein aus der Intuition der klassischen Kindergartenerzieherin heraus wäre eine dermaßen aufwendige Aktion wohl kaum entstanden. Die Kindergartenleitung verteilte gedruckte pädagogische Ausführungen wie diese an die Eltern, um ihnen den Sinn der Aktion zu erklären:

> »Politische Ereignisse werden schon von sehr jungen Kindern wahrgenommen und individuell gedeutet. Ihnen begegnen politische Inhalte im täglichen Leben: in den Medien, im Kindergarten, auf der Straße und auch durch die Gespräche der Erwachsenen. Schon im Vorschulalter und Kindergarten findet unbewusst politisches Lernen statt. Dagmar Richter erklärt, dass junge Kinder nicht nur aus bildungs-, sondern auch aus demokratietheoretischen Gründen das Recht auf politische Bildung haben, denn ›politische Bildung vermag das Weltwissen der Kinder zu differenzieren und zu ergänzen und trägt somit zur Aufklärung bei‹.«[8]

Nun, wer kann bei diesem hehren Anspruch schon Kritik üben? Die Autoren bemühen nichts Geringeres als die Aufklärung, das jahrhundertealte große Projekt, aus dem unsere demokratische Kultur erwachsen ist und immer wieder neu erwachsen muss. Aufklärung soll auch den Kleinsten schon zuteil werden, um ihr »Weltwissen« zu vergrößern. Klingt gut. Liest man diesen kurzen Abschnitt aus entwicklungspsychologischer Sicht und hat die Pyramide der psychischen Entwicklung kleiner Kinder vor Augen, stellt sich das Ganze allerdings etwas anders dar. Sicher: Die Aktion als solche wird den Kindern nicht geschadet haben. Einen Nutzen für die kindliche Entwicklung dürfte sie genauso wenig gehabt haben, doch exakt davon waren die Kindergartenleitung und auch ein Teil der Elternschaft überzeugt.

Man erkennt an diesem Beispiel recht gut das immer wiederkehrende Muster: Erwachsene sehen Kinder als kleine Erwachsene und meinen, sie müssten die Kleinen ganz selbstverständlich mit den Anforderungen und Problemen der Erwachsenenwelt konfrontieren. Der Frühförderwahn, der sich üblicherweise in Chinesischkursen für Vierjährige und Ähnlichem äußert, gerät hier in politisches Fahrwasser. Die Idee heißt: Wer als Fünfjähriger im Kindergarten Demokratie »gelernt« hat, der wird auch später mal ein echter Demokrat und ist weniger anfällig für extremes, undemokratisches Gedankengut.

So gut das gemeint sein mag, in Wirklichkeit sind Kindergartenkinder durch solch ein komplexes Thema komplett überfordert. Und was die Demokratie beziehungsweise demokratisches Handeln angeht: Kinder, die die Chance haben, eine altersgemäße psychische Entwicklung zu durchlaufen, werden auch die psychischen Fähigkeiten entwickeln, die für demokratisches Handeln und Denken notwendig sind. Dazu gehören Einfühlungsvermögen und Empathie, damit sie in der Lage sind, Mitmenschen und ihre Meinungen ernst zu nehmen und zu respektieren, oder auch ein Unrechtsbewusstsein, damit sie zwischen richtigem und falschem Handeln unterscheiden können.

Auch dieses Beispiel zeigt es deutlich: Pädagogen und Erziehungswissenschaftler verstehen immer weniger, dass es nicht möglich ist, kleine Kinder über Erklären und Verstehen zu erziehen. Ein Fünfjähriger kann noch nicht im eigentlichen Sinne perspektivisch denken, deshalb »lernt« er aus langen Erklärungen auch noch nichts. Wie aus der Entwicklungspyramide gut ersichtlich ist, beginnt diese Phase des Lernens frühestens mit zehn Jahren. Ich kann einem Fünfjährigen zwar erklären, was Demokratie bedeutet, und vielleicht begreift er auch ansatzweise etwas davon. Er wird jedoch daraus nicht zwangsläufig ableiten, dass er künftig mit seiner achtjährigen Schwester und dem zehnjährigen Bruder ausdiskutiert, wer welche Süßigkeiten nehmen darf, und alle drei anschließend demokratisch darüber abstimmen.

Harmoniesucht – Eigentlich ist doch alles gut

Warum es so schwierig ist und sicherlich auch bleiben wird, die Problematik der emotionalen und sozialen Nichtentwicklung von Jugendlichen deutlich zu machen, wurde mir im März 2013 noch einmal richtig bewusst. Ich las einen Artikel in der *Zeit* aus Anlass der kurz vorher erschienenen Shell-Studie, in der in regelmäßigen Abständen die aktuelle Jugendgeneration porträtiert wird, um daraus gesellschaftspolitische Denkanstöße zu entnehmen.

Der Untertitel des Artikels lautete: »Harmonische Familien: Die Generationen verstehen sich besser denn je.«[9] Der Autor zitiert aus der Studie und berichtet beispielsweise, dass 74 Prozent der Eltern von »Harmonie, Wärme und Geborgenheit im Zusammenleben« erzählen. Als zusätzlichen

Beleg für die Harmoniethese stellt ein Forscher des Deutschen Jugendinstituts fest: »Es gibt kaum noch wirkliche Konflikte zwischen den Generationen.«

Ob diese Diagnose zutreffend ist oder nicht, spielt indes gar nicht die entscheidende Rolle. Gehen wir davon aus, dass diese Zitate und die Ergebnisse der Studie in etwa die Wahrnehmung der Befragten wiedergeben, so muss mir die ketzerische Frage erlaubt sein: Wie sollen denn auch Konflikte entstehen, wie sollen Eltern oder Jugendliche Probleme im Zusammenleben erkennen, wenn Eltern in der Symbiose psychisch mit ihren Kindern verschmelzen? Wenn Großeltern sich nicht mehr abgrenzen, sondern auf jede Forderung und jedes Gemecker der Enkel eingehen, weil sie sich in der Projektion befinden und geliebt werden wollen?

Was ich damit sagen will: Gerade die Beziehungsstörung der Projektion hat als Nebeneffekt auch den Wunsch nach Harmonie. Erwachsene in der Projektion haben Angst, nicht mehr geliebt zu werden, wenn sie den Kindern widersprechen. Damit erzeugen Eltern ein innerfamiliäres Klima, in dem tendenziell immer eitel Sonnenschein herrscht. In der Symbiose löst ein Widerspruch des Kindes bei den Eltern eine Art Schmerz aus. Sie empfinden das Kind als Teil ihrer selbst, und mit einem Körperteil meiner selbst habe ich keine Auseinandersetzungen. Auch hier wird Konfliktpotenzial von vornherein ausgeblendet, wiederum entsteht tendenziell ein harmonisches Familienklima.

Doch diese Harmonie ist teuer erkauft. Ihr Preis ist die fehlende Selbstständigkeit des erwachsenen Menschen. Psychische Funktionen bilden sich nicht automatisch in einem Klima stetiger Harmonie, für diese Entwicklung brauchen

Kinder ein abgegrenztes, eigenständiges Gegenüber in Form der Eltern, eine verlässliche Bezugsperson, die dem Kind klarmacht, welche Dinge gehen und welche nicht gehen. Das Kind macht somit altersangemessen die Erfahrung, dass es dieses Gegenüber nicht beständig steuern kann. Es erlebt, dass es selbst auch gesteuert und begrenzt wird. Das sorgt natürlich bisweilen für Frusterlebnisse, es sorgt für Disharmonie und zeitweilig für ein scheinbar schlechteres Familienklima. Der emotionalen und sozialen Entwicklung jedoch ist es zuträglich.

Um es noch einmal ganz klar herauszustellen: Wir haben es mit einem Problem zu tun, bei dem viele verschiedene Phänomene ineinandergreifen. Erwachsene sind tendenziell im Hamsterrad und damit psychisch im Katastrophenmodus. In einer realen Katastrophensituation wie beispielsweise einer Überschwemmung versucht man zu retten, was zu retten ist. Der Mensch ist in diesem Moment rein »kopfgesteuert« und verfügt nicht mehr über seine Intuition. So geht es wohl auch Eltern, die sich im Katastrophenmodus befinden. Wenn ihr Kind hinfällt, müssen Eltern normalerweise intuitiv erspüren, ob es sich wirklich wehgetan hat. Wenn dieses Gespür für die Situation fehlt, kann es passieren, dass die Eltern das Kind trösten, obwohl gar nichts passiert ist. Wenn ein Säugling schreit, muss die Mutter erspüren können, ob er Hunger hat, müde ist oder gewickelt werden muss. Heute ist jedoch häufig zu beobachten, dass Eltern in einer solchen Situation hilflos überlegen, was wohl mit ihrem Kind los sein könnte, ohne dass sie der Situation angemessen handeln. Kurz gesagt: Im Katastrophenmodus denkt und handelt der Erwachsene nicht mehr intuitiv und perspektivisch, sondern ausschließlich auf den Moment bezogen.

Wenn man das im Hinterkopf hat, wird die Situation klarer: In den Familien wird versucht, im Hier und Jetzt eine harmonische Situation herzustellen, um Druck zu vermeiden und den Familienfrieden zu wahren. Damit können dann alle zufrieden sein. Die Kinder können lustorientiert tun und lassen, was sie wollen, die Eltern und Großeltern sehen glückliche Kinder, fühlen sich geliebt, und das Glück ihres Kindes ist gleichzeitig auch ihr eigenes Glück.

Überspitzt formuliert sieht so das Zukunftsmodell der deutschen Familie aus. Dummerweise gibt es jedoch eine Arbeitswelt, in der die jungen Menschen, sobald sie den Kinderschuhen und ihrer Familie entwachsen sind, auf eine gänzlich andere Umgebung treffen. Das Arbeitsleben ist nicht mehr kuschelig und watteweich. Hier gibt es Chefs und Vorgesetzte. Sie stellen Anforderungen, die letztlich durch den Markt für die Produkte der jeweiligen Firma vorgegeben werden. Kann die Firma ihren Markt nicht bedienen, wird es sie irgendwann nicht mehr geben. Gibt es die Firma nicht mehr, haben auch die Mitarbeiter keinen Arbeitsplatz mehr. Allein deswegen kann im Berufsleben das Anforderungsniveau nicht in einem Maß abgesenkt werden, wie ich es noch am Beispiel der Schule zeigen werde. Wenn aber Menschen, die es bisher gewöhnt waren, dass sich die Anforderungen immer ihrem psychischen Niveau anpassten, sich nun ihrerseits den Anforderungen anpassen sollen, müssen sie in den meisten Fällen scheitern.

Genau das passiert derzeit auf dem deutschen Ausbildungsmarkt. Die Firmen haben ein Anforderungsprofil für

Auszubildende, dem immer mehr Bewerber nicht einmal annähernd entsprechen.

Erziehung auf dem »Tablet« serviert?
Ein paar Bemerkungen zum Medienkonsum

Zur Disharmonie in den Familien tragen oft auch die Themen »Computer« und »Fernsehen« bei. Die Diskussion um Wert oder Unwert von elektronischen Medien speziell auf Kinder bezogen ist mindestens so alt wie der Fernseher. TV-Konsum ist immer noch ein heißes Thema in Diskussionen über »richtige« oder »falsche« Erziehung. Seit den Neunzigerjahren verschärft der Umgang mit dem PC die Debatte, heute kommen noch Tablets und Smartphones dazu. Eine ganze Industrie möchte an der Entwicklung von Apps für Kinder, zum Teil schon für unter Dreijährige, verdienen und bemüht sich deshalb, den pädagogischen Wert dieser Programme und Spiele für die Kleinen und Kleinsten nachzuweisen.

Für mich spielt dieser pädagogische Wert, so es ihn denn überhaupt gibt, nicht die entscheidende Rolle, sondern auch hier steht die Frage nach der *Entwicklung* des Kindes im Vordergrund. Ein Kindergartenkind wird sicher keine Schwierigkeiten haben, die Bedienung einer App auf dem Tablet zu erlernen. Es wischt und tippt auf dem Bildschirm, löst die Funktionen des Programms aus und dürfte vom bunten Blinken und Flackern zumindest für kurze Zeit einigermaßen fasziniert sein.

Bezogen auf die psychische Entwicklung hat die Sache

allerdings mindestens einen Riesenhaken. Entwicklung geschieht immer nur am menschlichen Gegenüber mit seinen aktiven Reaktionen. An einem Gegenüber also, das gerade das noch sehr junge Kind möglichst eng auf sich bezieht. Ein Tablet, und genauso natürlich auch andere elektronische Geräte, können dieses Gegenüber niemals ersetzen. Das Kind sieht sich einem sensorisch kalten Bildschirm gegenüber, der nur auf das reagieren kann, was das Kind von sich aus macht.

Beim kleinen Kind ist das Gehirn noch wenig differenziert. Es reagiert daher diffus auf Reize und ist mit der Reizüberflutung der virtuellen Welt überfordert. Dies kann aber das Kind nicht feststellen und äußern. Es besteht die Gefahr, dass die Kinder regelrecht »in das Gerät hineinrutschen«. Die virtuelle Welt ist für sie unstrukturiert. Für das Kind wäre indes genau das Gegenteil notwendig: Ein menschliches Gegenüber als enge Bezugsperson müsste für Struktur sorgen, die diese Diffusität des kindlichen Gehirns nach und nach auflöst.

Schließlich möchte ich noch das aus meiner Sicht unsinnigste Argument für Tablets und Co. im Kindergartenalter entkräften. Es heißt oft, man müsse schon die Jüngsten an diese Geräte »heranführen«, da wir nun mal in einer digitalen und multimedialen Welt leben und weil sie sonst Nachteile im Leben hätten. Wer allerdings einmal gesehen hat, wie schnell sich ein Achtjähriger oder ein Zehnjähriger einen Computer erschließt, der wird dieses Argument nicht mehr ernsthaft ins Feld führen können.

Was auch klar ist: Natürlich bekommen Kinder mit, dass es im eigenen Haushalt Tablets, Fernseher oder Smartphones gibt. Das ist normal. Problematisch ist lediglich die pädagogisch verbrämte Ansicht, kleine Kinder müssten aktiv an diese Geräte herangeführt werden. Das ist ein Irrtum. Das Wichtigste für Kinder ist ihre emotionale Entwicklung, und diese findet nur statt, wenn das Kind ein menschliches Gegenüber hat. Ein Computer ist nicht in der Lage, diese Aufgabe zu übernehmen. Das Erlernen von Fähigkeiten am Computer kann bei altersgemäß entwickelten Kindern Ende der Grundschule oder Anfang der weiterführenden Schule jederzeit dazukommen.

Eltern sind also heute viel mehr als noch vor Jahren gefordert, zu entscheiden, in welchem Alter elektronische Medien förderlich sind. Das müsste unter anderem die moderne Sicht auf Kinder prägen, nicht die kritiklose Übernahme von Standards, die die Industrie setzt.

Schule in der Zwickmühle – Wie der Bildungserfolg zwischen überforderten Lehrern, fehlgeleiteten Eltern und nicht altersgemäß entwickelten Schülern zerrieben wird

Kindergartenzeit ist gleichzeitig auch Vorschulzeit. Gerade im letzten Kindergartenjahr ist eine konkrete Vorschularbeit notwendig, um die soziale und emotionale Entwicklung der Kinder auf einen Stand zu bringen, der erfolgreiche Schularbeit gewährleistet.

Fakt ist jedoch: Die angehenden Schulkinder kommen zunehmend aus Kindergärten, die mit offenen Konzepten arbeiten. Diese Konzepte widersprechen entwicklungspsychologischen Grundsätzen, überfordern die Kinder und versäumen es, ihre Entwicklung im Bereich der emotionalen und sozialen Psyche zu unterstützen. Die Folge ist, dass die Kinder heute nicht mehr so gut auf die Schule vorbereitet sind wie Kinder vor zehn oder zwanzig Jahren. Erschwerend kommt hinzu, dass viele Kinder zu Hause aufgrund der unbewussten Beziehungsstörung ihrer Eltern keine altersgemäße Entwicklung nehmen konnten.

Nun werden diese Kinder eingeschult und treffen auch in der Schule wieder auf offene Konzepte, bei denen die

Beziehung zwischen Lehrer und Schüler nicht mehr im Vordergrund steht. Sie haben somit auch nach dem Schuleintritt keine Chance, ihre Defizite in der emotionalen und sozialen Entwicklung aufzuholen.

Hinzu kommt, dass Eltern, die vorher aufgrund der Symbiose *für* das Kind in den Kindergarten gegangen sind, nun auch *für* das Kind in die Schule gehen. Damit belasten und destabilisieren sie das System Schule unbewusst zusätzlich, weil die Lehrer nicht in Ruhe mit den Kindern arbeiten können.

Wie wenig Intuition bei manchen Eltern noch vorhanden ist und welche Verrücktheiten der Schulalltag für Lehrer mittlerweile mit sich bringt, lasse ich eine Lehrerin direkt aus der Praxis berichten.

Keine Note schlechter als »Drei« – Das ist längst Realität

Sie sind seit sechzehn Jahren im Grundschullehramt tätig und waren außerdem vorher bereits als Erzieherin in einem Kindergarten. Wie hat sich Ihr Beruf in den letzten Jahren verändert?
Es sind massive Veränderungen festzustellen. Das beginnt bei der Anzahl der auffälligen Kinder innerhalb einer Klasse, geht weiter über die Art und Weise der Unterrichtsgestaltung durch den Lehrer und endet beim Verhalten der Eltern, zum einen gegenüber ihren Kindern, zum anderen aber vor allem auch gegenüber uns Lehrern.

Wie hat sich die Zahl der auffälligen Kinder verändert? Und woran machen Sie fest, dass diese Kinder »auffällig« sind?
Nach meiner Erfahrung, aber auch nach allem, was ich aus Gesprächen mit Kollegen an anderen Schulen weiß, geht die Tendenz mittlerweile dahin, dass etwa die Hälfte einer Grundschulklasse auffällig ist. Wobei sich dieser Begriff einfach nur auf grundlegende Standards bezieht, die für die einfachen Abläufe in einer Schulklasse notwendig sind.

Zum Beispiel?
Das ist beispielsweise die Fähigkeit, eine Schulstunde lang ruhig sitzen zu bleiben, ohne alle paar Minuten auf irgendeine Art und Weise den Unterricht zu stören. Oder die Fähigkeit, überhaupt zu registrieren, dass da vorne eine Lehrperson steht, die für die nächsten fünfundvierzig Minuten bestimmen wird, was gemacht wird. Es gibt Kinder, die nehmen mich schlicht und ergreifend nicht wahr, sondern benehmen sich, als wenn sie allein im Raum wären.

Was hat das für Konsequenzen?
Eine Konsequenz ist, dass mittlerweile häufig fast das komplette erste Schuljahr an einer Grundschule dafür geopfert werden muss, alle Kinder in einer Klasse wenigstens halbwegs so weit zu bringen, dass überhaupt inhaltlich Unterricht gemacht werden kann. Das heißt, Sie versuchen erst einmal, eine Beziehung zu den Schülern zu etablieren, damit diese Sie als Lehrer akzeptieren.

Danach ist aber dann normaler Unterricht möglich?
Eingeschränkt. Ich als Lehrerin kann ja nicht in kurzer Zeit alles umkehren, was vorher schiefgegangen ist. Zumal man dabei häufig weder die Unterstützung von Kollegen noch die der Schulleitung und schon gar nicht die der Eltern hat.

Diese müssten aber doch ein Interesse daran haben, dass ihre Kinder gute Schüler sind. Also auch ein Interesse daran, dass es in der Klasse vernünftig läuft.
Da sagen Sie was... So einfach, wie man sich das vorstellt, ist es nicht. Natürlich haben die Eltern ein reges Interesse daran, dass es ihrem Kind in der Schule gut geht. Dieses Interesse bezieht sich nur leider häufig weniger auf das Erlernen bestimmter Inhalte als auf die reine Notenvergabe.

Wie äußert sich das?
Das kann ich Ihnen ganz konkret sagen. Ich kenne mehrere Grundschulen, an denen es mittlerweile völlig üblich ist, dass es keine schlechtere Note als eine »Drei« gibt.

Wie kann das sein? Es ist doch unwahrscheinlich, dass alle Schüler einer Klasse oder sogar einer Schule mindestens auf Dreier-Niveau liegen...
Ganz einfach: Als Lehrer senkt man einfach die Anforderungen so weit herunter, dass dieses Niveau irgendwann rauskommt. Im Fach Deutsch etwa werden dann nur noch geübte Diktate geschrieben. Wenn

Sie eine oder zwei Wochen lang mit den Kindern den Diktattext quasi auswendig gelernt haben, ist die Wahrscheinlichkeit, dass noch Fehler gemacht werden, verhältnismäßig gering. Und schon haben Sie einen erstklassigen Notendurchschnitt und keine Probleme mehr mit den Eltern. Denn genau das ist der Hintergrund für dieses Vorgehen.

Inwiefern?
Die Eltern können nicht akzeptieren, dass es sein kann, dass ihr Kind auch mal eine schlechtere Note mit nach Hause bringt. Sie erwarten von der Schule, dass sie es hinbekommt, jedes Kind auf Gymnasialniveau zu befördern. Das wäre mit Klassenarbeiten auf einem normalen Grundschulniveau aber gar nicht möglich, weil sich die Notenverteilung dort immer weiter spreizen würde. Also gehen viele Kollegen hin und konzipieren Arbeiten so, dass bei jedem Schüler mindestens eine »Drei« herumkommt. Das führt übrigens dann dazu, dass an solchen Schulen die Übergangsquote aufs Gymnasium bei rund 99 Prozent liegt. Völlig unabhängig davon, ob die Kinder das Niveau tatsächlich besitzen.

Geben Sie schlechtere Noten als »Drei«?
Ja, ich mache das immer noch. Allerdings mit den entsprechenden Konsequenzen: Eltern, die wutentbrannt zu mir kommen, von mir verlangen, mich dafür zu rechtfertigen. Wohlgemerkt: Warum der Schüler eine »Vier« oder eine »Fünf« bekommen hat, interessiert in

der Regel nicht. Die Möglichkeit, dass das überhaupt geschehen kann, wird gar nicht mehr in Betracht gezogen.

Fühlen Sie sich von der Schulleitung und von Bildungspolitikern unterstützt?
Kaum. Bei den Schulleitungen muss man differenzieren. Es gibt durchaus welche, die dem Kollegium den Rücken stärken und auch mal Eltern in die Schranken weisen. Viele jedoch setzen lieber die Scheuklappen auf und lassen die Lehrer mit dem Problem allein. Was die Politik angeht, nur ein Beispiel, das aber typisch dafür ist, was man im Kontakt mit dieser Sphäre erlebt: Eine Kulturpolitikerin, mit der ich einmal auf einer Veranstaltung diskutieren durfte, sagte mir, als Lehrerin müsse ich es eben hinbekommen, jeden Schüler einzeln nach seinem Leistungsstand zu fördern. Auf meine Frage hin, wie ich es, gesetzt den Fall, das wäre überhaupt zu leisten, denn schaffen solle, die Schüler zum allgemeinen Leistungsziel zu führen, entgegnete sie: ›Ach, wissen Sie, es muss doch auch nicht jeder Berg bezwungen werden.‹«

Dieses Gespräch, das ich im Anschluss an einen Vortrag führte, war für mich, wie so viele andere im Umfeld meiner Vorträge, sehr aufschlussreich, bestätigte es doch einmal mehr die Richtigkeit meiner Erkenntnisse. Ich habe dieses Gespräch ausgewählt, weil es nicht nur ein oder zwei Punkte aufgreift, sondern gleich eine ganze Reihe meiner Thesen aufs Deutlichste illustriert.

Am auffälligsten ist wohl das vollkommen gekippte Verhältnis zwischen Eltern und Lehrern. So war bereits in der oben zitierten Studie »Eltern – Lehrer – Schulerfolg« die Rede von »mehr Eltern, die ein Überengagement für ihre Kinder zeigen und […] überreagieren. […]. Im Falle einer eventuellen Benachteiligung des eigenen Kindes kontaktieren diese Eltern direkt die Schulleitung oder gleich das Schulamt.«

An der Grundschule, die meine Interviewpartnerin als Beispiel anführte, sind die Auswüchse dieses Überengagements spürbar. Dauernder Druck aus der Elternschaft auf die Lehrer hat diese so mürbe gemacht, dass der größte Teil des Kollegiums kapituliert und sich auf die unausgesprochene Forderung der Eltern eingelassen hat – die schlechteste Note ist also eine »Drei«. Vermutlich ist es nur eine Frage der Zeit, bis es an dieser Schule nur noch Einsen und Zweien geben wird.

Was steckt dahinter? Bei den Eltern zeigt sich deutlich die mittlerweile nach meinen Erkenntnissen überall vorherrschende symbiotische Haltung, also die Verschmelzung der elterlichen Psyche mit der des Kindes. Die Eltern halten es nicht mehr aus, dass der Lehrer ihr Kind beurteilt, sie empfinden jede Benotung des eigenen Sprösslings so, als ob sie selbst benotet würden.

Das führt dazu, dass es Eltern nicht mehr möglich ist, sich objektiv mit der Leistung des Kindes auseinanderzusetzen und mögliche Defizite anzuerkennen. Der Lehrer, der dem Kind eine »Vier« oder eine »Fünf« gibt, benotet damit den Vater oder die Mutter, so jedenfalls empfinden diese es. Da das natürlich nicht sein kann und darf, gehen Eltern automatisch scharf gegen den betreffenden Lehrer vor. Es ist nur natürlich, wenn Lehrer irgendwann aus Selbstschutz vor diesem Druck kapitulieren, gute Miene zum bösen Spiel machen und die Noten vergeben, die die Eltern erwarten.

Die dringend notwendige Kommunikation zwischen Lehrer und Eltern ist kaum mehr möglich, da beide von unterschiedlichen »Dingen« sprechen. Sieht der Lehrer noch das Kind und spricht über ein Fehlverhalten des Kindes, so sprechen die Eltern in der Symbiose von einem Körperteil ihrer selbst und können das Verhalten des Kindes nicht mehr aus der Distanz betrachten und beurteilen.

Das hat zweierlei Folgen. Eltern sind aufgrund der Symbiose verunsichert, halten es nicht aus, wenn das Kind unzufrieden ist, und geben relativ schnell nach. Da sie die Unzufriedenheit des Kindes wie einen Schmerz an einem eigenen Körperteil, etwa dem Arm, empfinden, ist es auch verständlich, dass sie gegen vermeintlich hohe Anforderungen oder die Strenge des Lehrers vorgehen müssen. Darüber hinaus wollen Eltern alles für den schmerzenden Körperteil tun, was dazu dient, die Schmerzen zu lindern. Das erklärt beispielsweise den gnadenlosen Kampf um gute Noten für das Kind, da diese ja Grundlage für die nächste Schule, die Berufswahl und die weitere Karriere sein werden.

Ganz einfach zu erkennen ist im Interview mit der Grundschullehrerin, wer die eigentlichen Leidtragenden dieses seltsamen Vorgangs sind. Das sind eindeutig die Kinder! Sie profitieren nur auf den ersten flüchtigen Blick, weil sie gute Noten abräumen und einer glänzenden Schulkarriere scheinbar nichts im Wege steht. In Wirklichkeit erfahren diese Kinder nichts über ihren tatsächlichen Leistungsstand, die guten Noten lassen sie auf perfide Weise in dem Glauben, sie lieferten überragende Leistungen ab. Das führt zu einer Fehleinschätzung, denn das Kind meint, es könne mit relativ wenig Aufwand alles meistern. Auf diese Weise bildet sich kein Bewusstsein dafür, dass man die meisten Fertigkeiten im Leben erst durch intensives Üben und Lernen erlangt. Dazu kommt noch, dass diese Kinder um das Gefühl der Freude betrogen werden, das sich einstellt, wenn man etwas nach außerordentlich großer Anstrengung endlich geschafft hat und dann auch richtig gut kann. Diese tiefe Befriedigung dürfen Kinder, denen die Noten, wie im Interview geschildert, quasi geschenkt werden, nur selten spüren.

Das Fehlen eines bestimmten Anforderungsniveaus und der entsprechenden Resultate im Notenbereich tragen darüber hinaus dazu bei, dass Frustrationstoleranz und Arbeitshaltung der Kinder sich nicht vernünftig entwickeln können. Hier steckt ein fatal falsches Denken: Viele Erwachsene glauben, das Kind sei glücklicher, wenn ihm Frustrationen erspart blieben. Das mag für den kurzen Moment und oberflächlich betrachtet zutreffen, langfristig wird es den Menschen unglücklich machen, weil sich später, im Erwachsenenleben, Frustrationen nicht mehr von außen verhindern lassen.

Die Eltern dieser Kinder müssten eigentlich wissen, dass sie ihren Sprösslingen für die Zukunft keinen Gefallen tun, wenn sie ihnen jede Enttäuschung ersparen. Doch sie sind offensichtlich nicht mehr in der Lage, diesen Blick in die Zukunft zu werfen. Sie leben nur noch im Moment, Resultat der eigenen Überforderung, des Hamsterrades und der auf Katastrophenmodus eingestellten Psyche. Ich komme auf diese Komponenten immer wieder zurück, weil sie für das Verständnis dessen, worum es mir geht, so wichtig sind. Im Moment der Katastrophe reagiert der Mensch ganz automatisch nur noch auf diesen Moment gerichtet. Es zählt, was jetzt sofort getan werden muss, Zukunft kommt später. So handeln auch diese Eltern: Wichtig ist nur, dass das Kind jetzt im Moment gute oder sehr gute Noten im Zeugnis und in den Klassenarbeiten erhält. Ob es später einmal klarkommen wird, wenn es jetzt nicht die dafür notwendigen Dinge lernt, gerät vollständig aus dem Blick.

Neben dem Verhalten der Eltern gehen aus dem Gespräch mit der Lehrerin aber auch die Schwierigkeiten mit den Kindern selbst deutlich hervor. Allein die Aussage, sie brauche das erste Schuljahr größtenteils dafür, alle Kinder einigermaßen so weit zu bringen, dass inhaltlich geprägter Unterricht überhaupt möglich ist, zeigt, dass bei der Entwicklung der Kinder bereits frühzeitig, also weit vor dem Schulalter, etwas schiefgelaufen sein muss.

Die Zeit, die es dauert, um die Schüler schulreif zu machen, variiert in den Angaben, die ich von Lehrern erhalte. Manche erzählen »nur« von zwei Monaten, manche von einem halben Jahr. Eines ist jedoch auf jeden Fall klar: Die Vorstellung, dass am ersten Schultag mindestens 90 Prozent wirklich schulreife Kinder in einer Klasse sitzen, mit denen vom ersten Moment an sinnvoller Unterricht gemacht werden kann, ist heute geradezu absurd.

Lehrer beklagen immer wieder die gleichen Dinge: Kinder, die den Kindergarten verlassen, sind immer häufiger nicht in der Lage, grundlegende Anforderungen des Schulalltags zu meistern. Sie stehen mitten im Unterricht auf, rennen durch die Klasse, reden, wann es ihnen passt, nehmen den Lehrer bestenfalls als Entertainer wahr. Manche liegen mit dem Kopf auf dem Tisch, andere verstecken sich komplett unter dem Tisch. Warum der Lehrer eigentlich da vorne steht und auf die Klasse einredet, können sie nicht erfassen. Die Verantwortlichen in der Bildungspolitik nehmen diese Probleme, so scheint es, überhaupt nicht wahr.

Ich möchte an dieser Stelle noch einmal beschreiben, woran Kinder mit fehlender Entwicklung der emotionalen und sozialen Psyche zu erkennen sind: Sie können sich nicht auf das Gegenüber, ob nun Lehrer oder Eltern, einstellen, sondern versuchen entsprechend ihrem frühkindlichen Weltbild den Erwachsenen auf sich einzustellen. Sie leben in der Wahrnehmung: »Ich bin allein auf der Welt, ich kann alles und jeden steuern und bestimmen.« Das erkennt man am besten in Anforderungssituationen: Wenn der Lehrer die Schüler auffordert, das Deutschbuch herauszuholen, würde ein grundschulreifes Kind das sofort machen, da es den Lehrer als menschliches Gegenüber erkennt. Heute muss der Lehrer hingegen Aufträge oft doppelt und dreifach geben, weil die Schüler auf die erste Aufforderung überhaupt nicht reagieren.

Anhand der Reaktion auf die Aufforderung, das Buch herauszuholen, kann man verschiedene Gruppen von Kindern erkennen. Die eine Gruppe wirkt wie abwesend, erst wenn der Lehrer ein Kind speziell auffordert, das betreffende Buch herauszuholen (»Sascha, DU auch!«), kommt es der Aufforderung nach. Mit der erneuten und gezielten Aufforderung hat der Lehrer sich allerdings bereits durch das Kind steuern lassen.

Die andere Gruppe fragt: »Wollen wir nicht lieber Mathe machen?« oder stellt die Frage, welches Buch denn nun gemeint sei. Auch hier leisten die Schüler der simplen Aufforderung des Lehrers erst nach mehrmaliger Wiederholung Folge. All das geschieht, weil die emotionale und soziale Psyche auf einem Stand von zehn bis sechzehn Monate alten Kleinkindern ist. Diese Kinder können selbst als Erstklässler noch nicht zwischen Mensch (lässt sich nicht steuern) und Gegenstand (lässt sich steuern) unterscheiden. Aufgrund ihres geringen Entwicklungsstands können diese Kinder sich nur lustorientiert konzentrieren und Leistung erbringen. Sie erkennen nicht, dass sie im Unterricht sitzen und sich dort anders verhalten sollten als in der Pause, ein Verhalten, das in der Pyramide normalerweise mit etwa zwanzig Monaten zu finden ist. Mit etwa zweieinhalb bis drei Jahren müssten sie bereits in der Lage sein, den Lehrer als Gegenüber zu erkennen. Aber auch das ist, wie beschrieben, nicht der Fall.

Für den Lehrer wiederum ist es wichtig, zu wissen, dass diese Kinder sich nicht verweigern, sondern ihr spezielles Weltbild unbewusst immer wieder überprüfen. In ihrem Weltbild ist der Lehrer ein Gegenstand, nicht anders als ein Tisch, ein Stuhl oder ein Automat. Man kann ihn dazu bewegen, den Auftrag mehrfach zu erteilen, somit ist das Weltbild bestätigt.

Hinzu kommt, dass diese Kinder nicht in der Lage sind, in Konflikten Zusammenhänge herzustellen. Wenn also ein Kind im Unterricht dazwischenredet und der Lehrer es deswegen ermahnt, kann es den Zusammenhang nicht erkennen, fühlt sich nicht verstanden oder ungerecht behandelt und wird deshalb nicht aus der Situation lernen können. Sein Verhalten wird ihm aus diesem Grund auch niemals peinlich sein.

Darüber hinaus ist ihnen das Erlernen der Kulturtechniken, Hauptbestandteil der Anfangszeit in der Grundschule, nicht wichtig, sie folgen dem Unterricht hier nur, wenn es ohne größere Anstrengung möglich ist.

Zu guter Letzt fehlt es ihnen an Empathie: Ständig ärgern sie ihre Mitschüler und machen sich über ihre Opfer auch noch lustig. Eine andere Ausprägung kann aber auch sein, dass diese Schüler sich selbst immer wieder zum Opfer stilisieren: Mit ihrem Verhalten provozieren sie, dass andere über sie herfallen, und merken nicht, dass sie selbst dazu beigetragen haben.

Hier ist ein sehr deutlicher Unterschied zur früheren Situation festzustellen. Bis etwa 1995 waren solche Verhaltensweisen nur selten der Fall. Wenn es doch einmal vorkam, lagen die Gründe dafür überwiegend in den jeweiligen Familien. Generell verhielten sich Grundschüler vor zwanzig oder auch mehr Jahren anders, weil sie den Entwicklungsstand von Sechsjährigen erreicht hatten. Die Schulkinder von damals sind die Erwachsenen und Eltern von heute, und diese Erwachsenen kennen die Situation in der Grundschule nur so, wie sie damals noch war: Im Großen und Ganzen funktionierte sie. Aus diesem Grund gehen diese Erwachsenen heute auch davon aus, dass sich Psyche wie von allein entwickelt: Mit drei Jahren ist die Kindergartenreife erreicht, mit sechs Jahren die Schulreife, mit sechzehn Jahren die Ausbildungsreife. Als wenn das ein für alle Zeiten festgeschriebenes Gesetz sei und kein entwicklungspsychologischer Vorgang, für den bei jedem Kind aufs Neue die Bezugspersonen verantwortlich sind.

Es ist jedoch kein Gesetz. Die Verantwortung für diese Entwicklung tragen einzig und allein wir Erwachsenen. Erwachsene sahen einfach damals Kinder noch als Kinder, ruhten in sich und verfügten über Intuition im Umgang mit Kindern. Ursache der unbewussten Veränderungen aufseiten der Erwachsenen ist eine Welt, die uns zunehmend überfordert. Der rasante Wechsel von der analogen zur digitalen Gesellschaft und die damit einhergehende Auflösung alter Strukturen, die dem Menschen Sicherheit und Halt gaben, haben auch unseren Blick auf Kinder verändert.

Um es noch einmal deutlich zu sagen: Schulanfänger mit ihren sechs Jahren lernen nicht, weil ihnen jemand gesagt hat, sie sollten das tun, damit sie später Erfolg im Leben haben. Sie lernen auch nicht, weil sie selbst bereits sehen würden, dass ihnen dieser Erfolg nur beschieden sein wird, wenn die schulischen Leistungen einigermaßen stimmen. Ein Sechsjähriger lernt um des Lernens und der Beziehung zum Lehrer willen. Er will lernen, so ist es in jedem Kind angelegt. Der Fachbegriff hierfür lautet »intrinsische Motivation«. Gleichzeitig sucht der Schüler die Bestätigung durch den Lehrer. Bestätigung durch die Eltern ist auch wichtig, fürs schulische Lernen jedoch spielt der Lehrer die wesentlich wichtigere Rolle. Das Schulkind braucht die Anweisungen des Lehrers als Orientierung. Wenn Eltern sich wohlmeinend einmischen, empfindet das Kind diese Einmischung nur als Störung dieser Orientierung, wie ich weiter vorne am Beispiel der kleinen Tochter eines Bekannten und ihrer Tränen wegen der zusätzlichen Mathematikaufgabe gezeigt habe.

Eine Überforderung für Kinder ist beispielsweise auch die Idee, ihnen das Maß an Hausaufgaben, das sie erledigen sollen, selbst zu überlassen. Man kann das an pädagogischen Konzepten sehen, die mit Wochen- oder gar Monatshausaufgaben arbeiten. Hierbei wird den Kindern ein Stapel Arbeit in die Hand gedrückt mit der Vorgabe, diesen bis zur kommenden Woche oder eben bis Ende des Monats zu erledigen. Das funktioniert allein in den Familien, in denen die Eltern anschließend die Strukturierung übernehmen und auf der täglichen Erledigung eines gewissen Quantums bestehen. Das Grundschulkind selbst wäre in der Regel mit dieser Aufgabe überfordert.

Pädagogisch steht hinter diesem Konzept der Gedanke des freien Lernens: Das Kind soll Selbstständigkeit üben. Was die Pädagogik dabei übersieht: Grundschulkinder, zumal Erst- oder Zweitklässler, die auf diese Weise arbeiten sollen, lernen keine Selbstständigkeit, sondern werden mehr oder weniger sich selbst überlassen. Das ist ein gewichtiger Unterschied, denn Letzteres bedeutet eine Vernachlässigung der Schüler. Da hilft es auch nichts, dass diese Vernachlässigung eigentlich gut gemeint ist.

Hinter der Idee des freien Lernens steht wiederum das Konzept »Kind als Partner«. In diesem Konzept werden die Begriffe »Selbstbestimmung« und »Selbstständigkeit« verwechselt. Ein Erwachsener mit einer gebildeten Psyche akzeptiert den ganzen Tag über wie von allein Fremdbestimmung, am stärksten normalerweise auf der Arbeitsstelle, weniger stark in der Regel innerhalb der Familie. Kinder sehen sich, wenn sie klein sind, so, dass sie sich und alles um sich herum selbst bestimmen. Sie können noch nicht eine Bestimmung von außen durch andere Menschen, also eine Fremdbestimmung, akzeptieren und aushalten. Die Psyche der Kinder entwickelt sich jedoch dadurch, dass sie mit zunehmendem Alter immer stärker Fremdbestimmung in angemessenem Rahmen erfahren und aushalten müssen. Passiert das nicht, bleiben sie selbstbestimmend. Normalerweise müsste der Erwachsene das erkennen und sich intuitiv abgrenzen. Das kann er jedoch nicht, wenn er das Kind als Partner sieht, denn durch diese Sichtweise erscheint ihm die Selbstbestimmung des Kindes plötzlich als Selbstständigkeit.

Das »freie Lernen« ist Bestandteil vieler moderner Schulkonzepte, von denen es aufgrund der Zersplitterung der Bildungslandschaft in Deutschland eine Unmenge gibt. Viele davon gehen meiner Ansicht nach den falschen Weg, wenn man sie von der kindlichen Psyche her analysiert. Eines dieser problematischen Schulkonzepte ist etwa die »jahrgangsübergreifende Eingangsstufe«. Hierbei werden die ersten beiden Klassen gemeinsam unterrichtet.

Es fällt im ersten Moment gar nicht so leicht, diese Art des Unterrichts zu kritisieren, denn auf den ersten Blick klingt das alles gut und toll. Im Konzept des niedersächsischen Kultusministeriums für diese Art des schulischen Lernens steht beispielsweise ein Satz wie dieser: »Die eingeschulten Kinder finden sich schnell zurecht, weil die Kinder aus dem zweiten Schuljahrgang helfen können.«

Nun ist nichts dagegen einzuwenden, wenn Kinder dazu angehalten werden, sich gegenseitig zu unterstützen. Die Pädagogen, die das Konzept entworfen haben, befürchteten allerdings wohl bereits eine logische kritische Folgefrage, sodass sie diese in vorauseilendem Gehorsam gleich selbst stellen und zu entkräften versuchen. »Lernt mein Kind auch genug, wenn es noch anderen helfen soll?«, lautet diese Frage, die folgendermaßen beantwortet wird: »Es soll erreicht werden, dass jedes Kind die Verantwortung für seinen eigenen Lernfortschritt übernimmt.« Und weiter: »Gegenseitiges Helfen umfasst nicht nur fachliche Inhalte, sondern vor allem auch soziales Lernen durch Unterstützung im Schulalltag.«

Hier wird sprachlich verschleiert, worum es eigentlich geht: Der Lehrer soll unwichtiger werden, nur noch als Mentor und Begleitung fungieren, den die Schüler im Zweifelsfall aktiv ansprechen sollen. Anders gesagt: Das Konzept nimmt tendenziell den Lehrer aus der Beziehung zu den Schülern heraus und ersetzt diese Beziehung durch die Beziehung zwischen Schüler und Schüler.

Der laienpsychologische Hintergrund bei Konzepten wie diesem ist der, dass man soziale Fähigkeiten durch Erziehen, also durch das bloße Erklären und Beibringen von Fakten, erwerben könne. Allerdings stimmt das so im Großen und Ganzen nicht. Soziale Kompetenz hat immer etwas mit dem Entwicklungsstand zu tun. Dieser jedoch wächst nur am Gegenüber in Form der wichtigsten Bezugspersonen, zu denen nun mal in der Schule die Lehrer gehören.

Dass psychische Entwicklung von sozialer Kompetenz (die ja im zitierten Beispiel sogar konkret angesprochen wird) nicht am gleichaltrigen Gegenüber funktioniert, ist eine entwicklungspsychologische Binsenweisheit. Das erwachsene Gegenüber »Lehrer«, an dem sich das Kind orientiert, müsste eigentlich in jedem pädagogischen Konzept gestärkt werden und im Vordergrund stehen. Stattdessen werden, wie auch hier, zunehmend Konzepte entwickelt, die den Lehrer an den Rand drängen und ihn als Bezugsperson für die Schüler langfristig überflüssig machen.

Was wir in den Grundschulen brauchen, ist ein lehrerzentrierter und nicht ein lernzentrierter Unterricht. Nicht die Wissensvermittlung ist entscheidend, sondern die Entwicklung. Da heute immer mehr Kinder keine Schulreife aufweisen, weil sie im wichtigsten Bereich unserer Psyche auf der Stufe von Kleinkindern stehen, müssen wir dringend sehen, wie wir diesen Kindern helfen können. Die heutigen bildungspolitischen Ideen in den Ministerien sind jedoch zumeist sehr stark lernzentriert und ignorieren die Berücksichtigung der emotionalen und sozialen Psyche fast komplett.

Das gilt analog für diverse weitere Grundschulkonzepte, wie etwa die Idee der Gruppentische. Hier gibt es zwei problematische Aspekte: Zum einen sitzt ein Teil der Schüler seitlich oder gar mit dem Rücken zum Lehrer, hat also keine Beziehung mehr zu diesem, zum anderen ist das Gegenüber des Schülers jeweils ein anderer Schüler. Die psychische Entwicklung jedoch erfolgt nur am Gegenüber des Lehrers, der den Schüler immer wieder auf sich bezieht und damit für Orientierung sorgt. Gleichaltrige Kinder sind kein Ersatz.

Jegliche Freiarbeitskonzepte sind sehr kritisch zu beurteilen, je jünger die Kinder sind. Ein neueres Beispiel ist die sogenannte Lerntheke. Die Unterrichtsmaterialien, also Schulbücher und anderes, liegen dabei auf einer Theke aus, und die Kinder sollen sich dort bedienen. Der Lehrer ist aufgefordert, sich im Hintergrund zu halten. Auch in diesem Konzept gibt es keine Beziehung zwischen Lehrer und Schüler. Dazu kommt, ähnlich wie beim bereits beschriebenen »Café«-Konzept im Kindergarten, wieder die Verwechslung von Selbstbestimmung und Selbstständigkeit.

Wie einfach Schule positiv funktionieren kann

All diese Konzepte scheinen wohlüberlegt und werden mit viel Aufwand und Engagement umgesetzt, allerdings mit zweifelhaftem Erfolg. Dabei bedarf es gar keiner spektakulärer Maßnahmen, um die Ruhe und Entspannung in den Grundschulunterricht zu bekommen, die für die emotionale Entwicklung von Schulkindern notwendig ist.

Ich möchte hier ein einfaches positives Beispiel anführen, das mir eine Lehrerin per Mail beschrieben hat und das, wie ich finde, durchaus als Muster für angemessenes Verhalten dienen kann:

> »Meiner Meinung nach ist es gerade am Anfang ganz wichtig, die Kinder erst einmal auf die Lehrperson zu beziehen. Wir kennen uns ja alle noch nicht. Die Kinder kommen neu in die Schule und in den Klassenraum hinein. Das ist ja auch mit vielen Ängsten und Unsicherheiten verbunden. Sie sollten wissen: Da ist eine Person, zu der kann ich hingehen, die hilft mir auch, wenn ich nicht weiterkomme. Deshalb habe ich sehr gute Erfahrungen damit gemacht, zunächst

einmal mit den Kindern kleinschrittig am gleichen Thema zu arbeiten. Wir machen gemeinsame Aufgaben, die dann auch Pflicht sind. Ich führe sie ein, und die Kinder machen sie. Wir kontrollieren die Aufgaben auch gemeinsam und schauen, wo die Probleme sind. Dadurch bekommen die Kinder eine ungeheure Sicherheit. Sie wissen auch: Wenn wir damit fertig sind, gibt es noch Freiarbeitsmaterialien in der Klasse, die sich die Kinder nehmen können, die die Pflichtaufgaben geschafft haben. Dieses Pflichtprogramm ist aber für alle gleich. Das ist alles wie beim Häuserbau: Man fängt nicht mit dem Dachgeschoss an, macht dann den Unterbau, und zum Schluss versucht man sich vielleicht noch am Fundament. Die Basis muss erst mal da sein. Dazu gehört ganz viel Sicherheit der Kinder, Strukturen: wie ist der Ablauf, keine ständigen Überraschungen, von denen die Kinder verunsichert werden. Sie wissen jeden Tag von Neuem, was auf sie zukommt, und dann können sie auch reifen und sich in aller Ruhe auf die Dinge konzentrieren, die die Schule von ihnen verlangt – ohne Angst, ohne Stress. Es ist wichtig, dass sie die Lehrperson auch vorne sehen, dass sie also optisch immer da ist. Dafür ist es gut, wenn die Tische so stehen, dass die Kinder mich sehen können. Sie sollten freien Blick zur Tafel haben, zum jeweiligen Thema und nicht durch Gruppentische oder Ähnliches abgelenkt werden. An Gruppentischen wird in der Regel viel von allen herumgespielt, das macht es für viele Kinder schwierig, sich auf das Wesentliche zu konzentrieren. Deshalb stelle ich die Tische immer frontal zur Tafel, und die Kinder genießen das. Als ich die Tische einmal anders gestellt habe, kamen Kinder von alleine an und fragten, ob wir sie nicht wieder umstellen können. Es ist insgesamt durch unsere Abläufe eine große Ruhe in der Klasse. Das genießen die Kinder. Etwas offenere Arbeit kann man dann später immer noch einführen, muss sich aber ganz genau überlegen, ab wann es sinnvoll erscheint.«

Die Lehrerin setzt also voll und ganz auf ihre Bedeutung als Bezugsperson für die Schüler. Sie richtet die räumlichen Gegebenheiten und die Art des Unterrichts so ein, dass sie immer in direktem Kontakt bleiben und die Kinder auf sich beziehen kann.

Förderbedarf – früher und heute

Die oben skizzierten Entwicklungen im Hinblick auf immer freiere und partnerschaftlichere Konzepte machen sich nicht nur in der Regelschule, sondern auch in den Förderschulen negativ bemerkbar. Ich möchte an dieser Stelle aus meinem speziellen Blickwinkel des Kinderpsychiaters auf diese Institution schauen. Allgemein gesprochen nimmt eine Förderschule diejenigen Schüler auf, für die auf der Regelschule keine entsprechenden Erfolgsaussichten bestehen. Über die Art der Probleme, die die Schüler haben, ist damit noch nichts gesagt. Genau da liegt jedoch der Hase im Pfeffer.

Eine Förderschullehrerin schilderte mir in einer Mail, wie noch 1990 die Aufnahme und der Unterricht von Schülern an ihrer Einrichtung ablief:

> »Regelschulen meldeten Schüler zur Überprüfung des sonderpädagogischen Förderbedarfs, die alle immer einen deutlich unterdurchschnittlichen IQ aufwiesen. D.h., sie waren eindeutig aufgrund mangelnder kognitiver Fähigkeiten mit den Anforderungen der Regelschule überfordert. Die Lernbehinderung meist monokausal begründet. [...] Mit diesen Schülern konnte man – auch in 15er- bis 20er-Gruppen – noch gut arbeiten. Sozial-emotional waren sie nur selten ernstlich gestört. Das Angebot einer abgespeckten Lehrplanversion in nur geringfügig kleineren Lerngruppen reichte als pädagogische Antwort meist aus, um diesen Kindern und Jugendlichen gewinnbringendes Lernen wieder zu ermöglichen. Hinzu kam, dass die meisten dieser Schüler in einem funktionierenden, sprich: unterstützenden familiären Umfeld aufwuchsen.«

Die Aussage der Lehrerin ist eindeutig: Für den Großteil der Schüler gab es noch in den Neunzigerjahren genau einen Grund, warum sie auf der Förderschule besser aufgehoben waren als in der Regelschule: eine unterdurchschnittlich entwickelte Intelligenz, die mit der gezielten Förderung in einer solchen Institution trotzdem »ausgereizt« werden konnte. Und, was im Zusammenhang mit dem speziellen Thema dieses Buches besonders wichtig ist: »Sozial-emotionale« Störungen konnten nur in seltenen Fällen festgestellt werden.

Dieselbe Lehrerin beschreibt die Situation im Jahr 2000, also nur zehn Jahre später, bereits so:

> »Regelschulen melden zunehmend Schüler zur Überprüfung, bei denen, über die Lernstörungen hinaus, bereits im Meldebogen Verhaltensauffälligkeiten beschrieben wurden. In fast allen daraus entstandenen sonderpädagogischen Gutachten fanden und finden sich bis heute Sätze wie:
> ›...kann sich nicht in das Regelwerk der Klasse einfügen.‹
> ›...ist auffällig störanfällig... geringe Konzentrationsspanne und Ausdauer.‹
> ›...zeigt eine geringe Frustrationstoleranz.‹
> ›...ist mit der Größe der Lerngruppe überfordert.‹
> ›...benötigt zum erfolgreichen Lernen eine kleine, überschaubare Lerngruppe sowie sehr viel individuelle Unterstützung.‹
> Die gemessenen IQ-Werte lagen dabei oft nur knapp unter dem Normbereich, eine deutliche Minderbegabung war also nicht mehr unbedingt erkennbar. Das Phänomen der Lernbehinderung war damit längst zu einem multifaktoriellen geworden. Viele Kinder konnten und können ihre tatsächlichen kognitiven Ressourcen aufgrund zunehmender sozial-emotionaler Störungen nicht mehr voll ausschöpfen.«

Der Unterschied ist frappierend. Diese Beschreibungen passen exakt zu meiner Beobachtung, dass seit spätestens Mitte der Neunzigerjahre das System zu kippen beginnt. Mit der Digitalisierung der Gesellschaft, dem sich immer schneller drehenden Hamsterrad, aus dem immer weniger Erwachsene aussteigen können, ändert sich die Beziehung zwischen Eltern und Kindern, aber auch zwischen Pädagogen und Kindern. Schwierigkeiten in der Schule sind zunehmend nicht auf mangelnde Intelligenz zurückzuführen, auch wenn es das Phänomen natürlich nach wie vor gibt. Viel stärker in den Vordergrund rückt die Nichtentwicklung im Bereich der emotionalen Psyche der Schüler.

Liest man abschließend die Beschreibung des Zustands im Jahr 2010, so bestätigt sich auch hier meine bisherige Analyse, beispielsweise meine Feststellung, dass der Anteil der Eltern, die sich in einer Symbiose befinden, erheblich gestiegen ist. Die Lehrerin schreibt:

> »Bereits Kitas melden Kinder zur Überprüfung, von denen im Meldebogen steht, dass sie in einer Regelschule nicht beschulbar seien. Wenn überhaupt, dann käme die Förderschule in Betracht. Der Amtsarzt teilt meist diese Auffassung, und das Verfahren zur sonderpädagogischen Begutachtung wird eingeleitet.
>
> Oft waren beziehungsweise sind diese Kinder bereits in psychologischer oder gar kinderpsychiatrischer Behandlung, oder es wird eine entsprechende Diagnostik empfohlen. Hinzu kommen Ergotherapie, Logopädie, Frühförderung, eine Medikamentierung usw. Total übertherapierte Kinder sind für uns heute die

Regel. Häufig wird bei diesen Kindern eine ›durchaus normale Intelligenz‹ angenommen, auf schulisches Lernen seien sie aber leider nicht vorzubereiten, weil überhaupt nicht zugänglich, nicht zu motivieren. Die Eltern sind meist uneinsichtig. Wenn überhaupt, dann seien die Erzieherinnen schuld an der Misere.«

Sehr viel deutlicher als mit dieser Zustandsbeschreibung kann man es eigentlich kaum machen. In Deutschland, wie auch in anderen Wohlstandsländern, wächst eine Generation von Schülern heran, in der überdurchschnittlich viele Kinder wirken, als seien sie (lern-)behindert, obwohl sie mit vollkommen normaler Intelligenz ausgestattet sind. Es ist ihre mangelnde psychische Reife, die verhindert, dass sie diese Intelligenz ausschöpfen. So kann aus einem in jedem Fall für die Regelschule tauglichen Schüler plötzlich einer mit Förderbedarf werden. Der allerdings landet nach den neuesten Plänen, und das ist dann endgültig verrückt, per Inklusion am Ende doch wieder in der Regelschule und verhindert dort einen sinnvollen Ablauf des Unterrichts.

Natürlich gibt es weiterhin Kinder, die kognitiv eingeschränkt sind. Der eigentliche Förderbedarf besteht heute jedoch eben gerade im Bereich der emotionalen und sozialen Reife. Hierfür müssten spezielle Fördermöglichkeiten entwickelt werden, die ein Nachreifen dieser Kinder ermöglichen.

Auf die Gründe, warum die emotionale und soziale Reife der kindlichen Psyche heute zunehmend nicht mehr dem eigentlichen Alter entspricht und unter welchen Umständen ein »Nachreifen« möglich ist, gehe ich im folgenden Kapitel näher ein.

Wenn Betriebssystem und Programme inkompatibel sind. Oder: Warum sich die emotionale und soziale Psyche nicht bildet

All die beschriebenen Entwicklungen in unserer Gesellschaft, in den Familien und den Bildungsinstitutionen gefährden massiv das Kindeswohl. Das ist die Feststellung, auf die es mir ankommt und auf die es der Gesellschaft ankommen sollte, wenn wir künftigen Generationen eine lebenswerte Zukunft ermöglichen wollen.

Es ist unerlässlich, sich darüber klar zu werden, dass eine voll entwickelte emotionale und soziale Psyche die Grundlage für ein menschenwürdiges Leben ist. Jeder, der mit Kindern zu tun hat, müsste also immer und überall bei Überlegungen über Pädagogik und Erziehung vor allem darüber nachdenken, was wir tun können, um die Entwicklung unserer Kinder in diesem Bereich nicht nur überhaupt zu gewährleisten, sondern sie auch immer wieder zu stärken.

Anhand der eingangs beschriebenen Entwicklungspyramide ist deutlich zu erkennen, warum immer mehr Kinder und Jugendliche heute bei bester Intelligenz nicht lernmotiviert erscheinen, Klassenverbände regelmäßig sprengen und schließlich am Einstieg in die Arbeitswelt scheitern. All diese Kinder werden in Familien mit engagierten

Eltern groß, die durch gesellschaftliche Veränderungen in eine Symbiose gerutscht sind. Sie verbleiben psychisch auf einem Entwicklungsstand von zehn bis sechzehn Monaten, also am unteren Ende der Entwicklungspyramide, mit der Folge, dass sie die Folgeschritte der Entwicklung nicht mehr nehmen können.

Es handelt sich bei diesem Entwicklungsstillstand weder um ein Problem der Erziehung noch um ein Problem in der Motivation der Kinder, sondern gewissermaßen, um ein Bild aus der modernen Welt zu gebrauchen, um eine Inkompatibilität von Betriebssystem und Programmen auf der Festplatte.

Was meine ich mit diesem Vergleich? Sie können sich einen PC hinstellen, auf dem alles installiert ist, was die Informationstechnologie hergibt – die modernsten, umfangreichsten und funktionellsten Programme, mit denen Sie theoretisch ganz wundervoll arbeiten können. Aber eben nur theoretisch. Denn das Problem ist: Auf Ihrem PC läuft ein Uralt-Betriebssystem, sagen wir mal, »Windows 95«. Sie werden all Ihre wunderbaren Programme und Funktionen mit diesem Betriebssystem niemals zum Leben erwecken, all die schöne Software schlummert vor sich hin und kann nicht dafür genutzt werden, wofür sie eigentlich gut wäre.

Ähnlich sieht es mit der Psyche und damit auch mit der emotionalen und sozialen Kompetenz aus. Was für den Computer die Programme sind, das ist für die Kinder die Erziehung, das sind die pädagogischen Konzepte, nach denen sie in der Schule unterrichtet werden, das sind zum Teil auch die logopädischen, ergotherapeutischen oder sonstigen Behandlungen, denen Kinder heute geradezu inflationär unterzogen werden. All das kann bei Kindern sehr viel Gutes bewirken, sie voranbringen und ihnen helfen. Allein: Es ist mehr oder weniger nutzlos, wenn es auf das falsche Betriebssystem, sprich: eine nicht altersgemäß entwickelte Psyche, trifft. Die Wirkung der Bemühungen verpufft, weil keine Verbindung hergestellt werden kann, weil das notwendige Zusammenspiel beider Sphären nicht funktioniert.

Es ist entscheidend, diesen Zusammenhang wirklich zu verstehen, weil sich nur dann nachvollziehen lässt, warum es nicht um Erziehung oder Therapie und auch nicht um Disziplin und Ordnung gehen kann, wenn wir uns Gedanken darüber machen, wie wir Kinder emotional und sozial reifen lassen können. Diese Reifung ist Bestandteil der Entwicklung, und Entwicklung funktioniert nur über die Beziehung.

Kinder mögen also erzogen worden sein, sie mögen eine vielleicht sogar überdurchschnittliche Intelligenz besitzen und kognitiv gute Leistungen erbringen. Trotzdem kann es sein, dass sie im emotionalen und sozialen Bereich auf dem Niveau von kleinen Kindern verbleiben. Diese Kinder drehen sich den ganzen Tag nur um sich selbst und um ihre Bedürfnisse. Sehr gut erkennen lässt sich eine nicht entwickelte emotionale und soziale Psyche zum Beispiel am Verhalten in Konflikten: Kann das Kind überhaupt in Konflikten Zusammenhänge erkennen? Kann es altersangemessen den eigenen Anteil beim Konflikt sehen? Kann es aus Konflikten lernen? Ein zweiter Punkt ist dann: Hat das Kind ein angemessenes Unrechtsbewusstsein? Kann es unterscheiden zwischen richtigem, angemessenem und falschem, unangemessenem Verhalten, zwischen gutem und schlechtem Verhalten?

Kinder und Jugendliche mit einer nicht ausgereiften Psyche im emotionalen Bereich verhalten sich so wie der siebzehnjährige Dennis aus dem Beispiel mit dem Einbruch in den Baumarkt. Sie lassen keine sie steuernde Gewissensinstanz erkennen, sehen auch nicht, dass sie sich in einem Konflikt befinden, sondern handeln rein zweck- und lustgesteuert und auf den Moment des Handelns bezogen.

Eine andere Möglichkeit, zu erkennen, dass eine Entwicklungsverzögerung im psychischen Bereich vorliegt, besteht etwa darin, sich zu vergegenwärtigen, wie Kinder sich verhalten, wenn sie zu etwas aufgefordert werden, zu dem sie im Moment nicht unbedingt Lust haben. Die klassische Situation in der Schule. Einem Grundschüler, der regelmäßig ohne Meldung dazwischenruft, ungefragt aufsteht und während des Unterrichts herumläuft, fehlt eindeutig die altersgemäße Reife. Der Lehrer kann den Schüler nicht dadurch dazu bringen, dieses Verhalten zu ändern, indem er es ihm erklärt. Er wird auch nicht auf Strafen oder die Androhung von Strafen reagieren, übrigens ein durchaus wichtiger Aspekt in der Diskussion.

Unabhängig von moralischen Werturteilen funktioniert ein pädagogisches Einwirken auf den Schüler bei einer nicht entwickelten Psyche weder im positiven noch im negativen Sinne, also weder durch gutes Zureden noch durch die Ankündigung von Konsequenzen. Diese Feststellung ist deshalb wichtig, damit die Verantwortlichen für Bildung gar nicht erst in Gefahr geraten, sich in sinnlosen Diskussionen über »richtige« oder »falsche« Pädagogik oder Erziehung zu verlieren. Für die Wirkung auf die Psyche ist es grundsätzlich unerheblich, ob pädagogisch »wertvoll« oder fragwürdig gehandelt wird. Beide Bemühungen laufen ins Leere, wenn die kindliche Psyche sie nicht registrieren kann. Eine Diskussion über Strafen spielt deshalb bei den beschriebenen Problemen in der Schule überhaupt keine Rolle.

Die einfachste Möglichkeit, sich zu verdeutlichen, worüber ich hier spreche, ist immer, sich zu fragen, wie in einer vergleichbaren Situation wohl ein etwa sechzehn Monate altes Kleinkind reagieren würde. Würde es sein Verhalten ändern, wenn ich ihm erkläre, dass es nicht auf die Straße laufen darf, weil es sonst überfahren werden könnte? Nein, würde es nicht, und jeder Erwachsene weiß das. Würde es sein Verhalten ändern, wenn ich ihm zur Strafe dafür, dass es auf die Straße gelaufen ist, einen Klaps auf den Po gebe? Nein, würde es nicht, und jeder Erwachsene weiß auch das.

Warum also ändert der Grundschüler sein Verhalten nicht, obwohl ihm die Lehrerin schon zwanzigmal gesagt hat, er solle sich melden, wenn er etwas sagen möchte? Und warum ändert er sein Verhalten genauso wenig, wenn sie ihn dafür bestraft? Eben, weil er sich exakt so verhält wie das sechzehn Monate alte Kind. Er kann die üblichen Abläufe im Klassenverband nicht erkennen, da er nicht realisiert, dass im Moment Unterricht stattfindet. Er erkennt die Lehrerin nicht als Gegenüber, das ihn zumindest in jenen Momenten, in denen er in der Schule sitzt, steuert, sondern *er*, der Schüler, ist es, der unablässig die Lehrerin zu steuern versucht.

Für den Lehrer ist solch ein Kind etwa daran zu erkennen, dass es so gut wie nie Arbeitsaufträge beim ersten Mal ausführt. Ich sage bewusst »so gut wie nie«, denn es geht auch hier wieder nicht darum, zeitweilige Abgelenktheit oder die eine oder andere Frechheit, die zur Kindheit gehören, zu pathologisieren. Der Effekt, von dem ich rede, wird mir dagegen von sehr vielen Lehrern berichtet. Fordern sie die Klasse auf, ein bestimmtes Buch oder Heft aus dem Ranzen zu holen und es auf den Tisch zu legen, muss mittlerweile ein erheblicher Teil der Kinder in einer Grundschulklasse immer mehrfach dazu aufgefordert werden. Entweder hören sie gar nicht hin, oder sie nötigen den Lehrer zu einer weiteren Reaktion, indem sie Nachfragen stellen wie »Ich auch?« oder »Nur das Buch oder auch das Heft?« oder – gerne auch mal mitten im Deutschunterricht – »Das Mathebuch?«.

Solche Reaktionen erfolgen fast automatisch in jeder Situation. So wie das sechzehn Monate alte Kind immer wieder testet, wie sich der Erwachsene vor ihm wohl verhält, wenn es ihn anfasst, auf ihm rumklopft oder etwas äußert, so testet auch der Neunjährige mit der Psyche auf dem Stand von sechzehn Lebensmonaten permanent aus, wie der Lehrer wohl reagieren wird. Wohlgemerkt: Dieses Testen ist kein im eigentlichen Sinne freches Verhalten, auch wenn es nach außen natürlich so wirkt. Es ist auch keine Frage der Intelligenz. Die Vermutung also, der Neunjährige müsste doch aufgrund seiner Intelligenz einsehen können, dass er sich anders verhalten sollte, schlägt fehl. Um beim Bild des Computers zu bleiben: Das Betriebssystem »Psyche« stellt gewissermaßen keine Verbindung zum installierten Programm »Erziehung« her, das auch dieses Kind von zu Hause mitbekommen haben mag.

Hier liegt der Grund, warum Schule immer mehr versagen muss, warum immer mehr Klassen überhaupt nicht mehr als Klassengemeinschaft funktionieren, warum immer mehr Schüler so gut wie nicht zu unterrichten sind und warum den Kindern die Lernmotivation fehlt. Und es ist auch der Grund, warum immer mehr Schulabgänger die Inhalte, die sie bereits gelernt haben, im Berufsleben nicht abrufen können.

Bei immer mehr Lehrern führen diese Erfahrungen zum Burn-out oder zumindest zu zeitweiligen Ohnmachtsgefühlen. Sie haben es mit ganz neuen Störungsbildern zu tun und sind nicht darauf vorbereitet, denn die Hintergründe für das Verhalten der Kinder sind vollkommen andere als vor vielen Jahren bei den relativ wenigen Kindern mit Lernauffälligkeiten. Lehrer müssen also erkennen, dass ihnen ihre Lehrerausbildung kaum etwas nutzt, sie können als Pädagogen noch so gut und qualifiziert sein, sie haben trotzdem den Eindruck, gescheitert zu sein.

Wie das Nachreifen der Psyche gelingen kann

Was ist also notwendig? Um weiterhin im Bild zu bleiben, das ich für dieses Kapitel gewählt habe, müsste ich sagen: Diese Kinder brauchen ein Update fürs Betriebssystem. Als Kinderpsychiater sage ich: Sie müssen nachreifen, sie brauchen den Erwachsenen als ein klares Gegenüber, an dem sich ihre Psyche nach und nach entwickeln kann, bis sie den Stand ihres biologischen Alters erreicht hat.

Das klingt komplizierter, als es eigentlich ist. Es ist sogar im Grunde ganz einfach, vielleicht das Einfachste auf der Welt, denn sonst hätte es ja nicht Generation um Generation von Kindern gegeben, die, von Ausreißern abgesehen, psychisch eine vollkommen normale Entwicklung zeigten. Kompliziert ist die Angelegenheit ohnehin nicht durch die Kinder, sondern durch uns Erwachsene. In unserer Gesellschaft sind die Gründe verankert, die es uns so schwer machen, im Verhältnis zu Kindern noch intuitiv und angemessen zu reagieren. Das ist auch der Grund dafür, dass ich als Kinderpsychiater in der Regel mehr mit den Eltern arbeite als mit den Kindern.

Im Grunde sind mehrere Erkenntnis- und Handlungsschritte notwendig. Zunächst einmal müssen Eltern und Lehrer natürlich erkennen und akzeptieren, dass das Kind, das sie vor sich haben und das sich vielleicht vollkommen unmöglich benimmt, sich nicht so verhält, weil es die Erwachsenen bewusst ärgern will. Es handelt sich dabei um ein unbewusstes Verhalten, das von einer nicht altersgemäß entwickelten Psyche ausgelöst und gesteuert wird. Es kann für Eltern und Lehrer dabei hilfreich sein, sich immer wieder die eingangs beschriebene Entwicklungspyramide in Erinnerung zu rufen. Nicht altersangemessenes Verhalten ist dadurch leichter zu erkennen, und in Kombination mit dem von mir in meinen Büchern dargelegten Hintergrundwissen können Eltern und Lehrer gezielter reagieren.

Muss der Lehrer in der Schule also jeden Arbeitsauftrag drei- oder viermal erteilen, so ist es sehr wahrscheinlich, dass da ein Schulkind mit der Psyche eines Kleinkinds vor ihm sitzt, das unablässig versucht, ihn entsprechend seinem Weltbild zu steuern. In diesem Weltbild ist der Lehrer ein Gegenstand, und der Schüler vergewissert sich über sein Verhalten immer wieder dieser »Tatsache«.

Analog gilt das für diverse Situationen in der Familie, die immer wieder zu Stress, Streitereien und Tränen führen. Mein Rat für betroffene Eltern: Überprüfen Sie, wie diese Streitereien entstehen. In der Regel schaukelt sich die Situation hoch, weil ein Wort das andere gibt. Vater oder Mutter verlangen irgendetwas vom Kind, dieses führt das Gewünschte aber nicht aus. Daraus folgt eine erneute Aufforderung, jetzt wahrscheinlich schon in etwas schärferem Tonfall, was auf das Kind aber wenig Eindruck macht. Es bleibt bei dem, was es gerade tut, und macht keine Anstalten, der Aufforderung der Eltern Folge zu leisten. Nun kommt oft genug noch Zeitdruck hinzu, die Eltern erwarten vom Kind, dass es ihre Anweisung *jetzt und gleich* ausführt, die Stimmung wird entsprechend immer gereizter, elterlicher Wunsch und kindliche Reaktion stehen sich diametral gegenüber.

Wenn sich aber bei den Eltern die Erkenntnis einstellt, dass sich hinter der Fassade ihres vielleicht zehnjährigen Kindes emotional ein Kleinkind befindet, wäre auch deutlich, dass sein Verhalten nicht aus einer Verweigerung resultiert, sondern aus einer Überforderung. Diese Erkenntnis ist enorm wichtig, denn normalerweise reagieren Eltern dann ganz anders auf das Verhalten ihres Kindes: Gehe ich von einer Verweigerung aus, so ist es relativ wahrscheinlich, dass ich verärgert und wütend reagiere. Ich habe schließlich das Empfinden, das Kind ignoriere absichtlich meine Aufforderungen, weil es keine Lust hat, oder gar, weil es mich ärgern möchte.

Erkenne ich das Verhalten des Kindes dagegen als Überforderungssignal, so wird meine Reaktion anders sein. Auf

Überforderung reagiere ich normalerweise mit einer Reduzierung des Drucks. Während ich also bei der Verweigerung den Druck fast automatisch erhöhe, um zu dem von mir gewünschten Ergebnis, also zum Beispiel dem Ausführen meiner Anweisung, zu kommen, nehme ich bei einer augenscheinlichen Überforderung Druck raus. Ich versuche, Ruhe in die Situation zu bringen, ob nun in der Familie, im Kindergarten oder in der Schule. Druck rauszunehmen, heißt dabei indes nicht, das Lernniveau abzusenken oder die Kinder allein laufen zu lassen. Es geht immer nur darum, durch Ruhe und Beziehung in den Abläufen Entwicklung zu ermöglichen.

Die Überforderung des Kindes liegt hier, auch das muss man sich immer wieder klar machen, nicht an einem Zuviel an Forderungen der Eltern oder an Lerninhalten in der Schule. Die Überforderung liegt darin, dass diese Kinder nicht altersentsprechend lern- und leistungsfähig sind. Bei meinen Vorträgen, die ich häufig vor Lehrerkollegien halte, bekomme ich mittlerweile Zahlen zu hören, die auf einen Anteil von 50 bis 70 Prozent betroffener Schüler in Grundschulen hindeuten. Tendenz steigend.

Ruhe ist also einer der wesentlichen Bestandteile der Grundhaltung zur Nachreifung. Ruhe in die Abläufe zu bringen, ob nun in der Familie oder in Kindergarten und Schule, sich Zeit zu nehmen, keinen künstlichen Druck aufzubauen, ist essenziell, um ein Hochschaukeln von Situationen zu verhindern. Die Tatsache, dass es Erwachsenen heute immer schwerer fällt, ebendiese Ruhe zu bewahren, ist dem Hamsterrad geschuldet, in dem sich immer mehr Menschen befinden. Die Psyche kommt kaum mehr zur

Ruhe, der Mensch ist dauerhaft nach außen gerichtet, spürt sich selbst kaum noch und ruht somit nicht mehr in sich, ganz wie in einer echten Katastrophensituation.

Den daraus entstehenden Druck geben Eltern in Konfliktsituationen mit dem Kind an das Kind weiter. Gerade Eltern, die sich in einer Symbiose befinden, reagieren reflexartig auf das Verhalten ihres Kindes und geben der kindlichen Psyche damit immer wieder das Signal, es handle sich beim Gegenüber, also den Eltern, um einen Gegenstand, der auf Reize von außen immer sofort und heftig reagiert. Dieses reflexartige Reagieren ist im Rahmen der Symbiose immer zu beobachten, ebenweil der Erwachsene psychisch nicht mehr zwischen sich und dem Kind unterscheidet. Eltern nehmen ihr Kind wahr wie einen eigenen Körperteil. Und was passiert, wenn man an einem Körperteil Schmerz empfindet? Man denkt nicht weiter darüber nach, sondern ruft automatisch »Aua!« und versucht durch wie auch immer geartete Gegenmaßnahmen zu erreichen, dass der Schmerz nachlässt. Genauso empfindet der Erwachsene in der Symbiose das Kind. Er reagiert automatisch darauf, dass sich das Kind seinen Anweisungen scheinbar widersetzt, und versucht, so schnell wie möglich eine Änderung der Situation herbeizuführen, häufig durch Druck und Androhung von Konsequenzen.

Der Erwachsene in der Symbiose versucht also für gewöhnlich, das Kind direkt dahin zu bringen, dass es Anweisungen ausführt, denn der Arm würde sich ja normalerweise auch nicht widersetzen. Die Eltern gehen dadurch immer und immer wieder in Machtkämpfe mit dem Kind, die sie nicht gewinnen können. Schnell wird der Umgang mit dem Kind dabei immer rigider, die Eltern drohen und arbeiten mit Strafen. Wenn das Kind dann tatsächlich irgendwann die Anweisung ausführt, sind die Erwachsenen zufrieden. Jammert das Kind weiter, klagt und macht nichts, fühlen sich die Eltern oft ohnmächtig und resignieren.

Wie passend diese Analogie zwischen körperlichem Schmerzempfinden und den Reaktionen in der Symbiose tatsächlich ist, führte mir eine Erzieherin vor Augen, als sie mir vom Vater eines Kindes berichtete, das sowohl daheim als auch im Kindergarten keinerlei Grenze zu kennen schien. Auf die Möglichkeit angesprochen, seiner Tochter auch mal etwas zu verbieten und nicht einfach immer alles nach ihrem Willen laufen zu lassen, antwortete der Vater mit den Worten: »Ich weiß, ich müsste mich manchmal anders verhalten. Aber das tut mir doch auch weh!«

Diese Äußerung des Vaters gibt das Problem der Symbiose überdeutlich wieder: Obwohl er sich eigentlich angemessen verhalten möchte, fühlt sich das für ihn nicht angemessen an. Das ist eine sehr schwierige Situation für Eltern, die selbstverständlich für ihre Kinder das Beste wollen.

Den Kindern mangelt es also an einer positiven emotionalen und sozialen Entwicklung, das zeigt sich aus dem bisher Gesagten ganz deutlich. Doch was können Eltern und Pädagogen tun, um das Grundproblem zu lösen, oder besser noch: Was können sie tun, damit das Problem gar nicht erst entsteht?

Eltern sollten drei Grundhaltungen verinnerlichen, wenn sie ihren Kindern eine optimale Entwicklung gewährleisten wollen. Diese drei Haltungen lassen sich in Kurzform so beschreiben:

1. Ruhe bewahren und Druck aus Stresssituationen nehmen
2. Immer gleiche Abläufe im Alltag schaffen
3. Bei allen täglichen Routinen anleiten, begleiten und klare Reihenfolgen bilden

Denn eines muss man sich klarmachen: Wenn Eltern ihrem Kind eine positive emotionale und soziale Entwicklung ermöglichen wollen, dann ist es unerlässlich, dass sie sich nicht oder nicht mehr in einer Beziehungsstörung befinden, also nicht mehr in einer Symbiose, nicht mehr im Hamsterrad. Sie müssen in sich ruhen und das Kind als Kind sehen. Dann stehen sie nicht mehr unter Druck, es kommen automatisch Zeit und Ruhe in die Abläufe, und die Eltern haben die Gelassenheit, die im Verhältnis zum Kind so wichtig ist. All diese Zusammenhänge habe ich in meinem letzten Buch *Lasst Kinder wieder Kinder sein* erklärt und Handlungsstrategien, wie etwa den Waldspaziergang ohne Ablenkung und konkretes Ziel, aufgezeigt.

In der Symbiose gibt es diese Gelassenheit jedoch nicht, der Erwachsene kann nicht ruhig sein. Damit Eltern zu einem anderen Verhältnis zu ihrem Kind kommen, ist es also wichtig, den Druck auf beiden Ebenen wegzunehmen: den Druck, den der Erwachsene selbst spürt, und den Druck, den er an das Kind weitergibt. Wenn Zeit und Ruhe in die Abläufe kommen, ist bereits ein wichtiger Schritt getan.

Darüber hinaus ist es von großer Bedeutung, dass Erwachsene immer gleiche Abläufe im Alltag schaffen. Je kleiner das Kind ist, desto entscheidender ist diese Maßnahme, denn sie gibt dem Kind Halt und Sicherheit. Ein Beispiel aus dem Alltag soll verdeutlichen, was ich meine: Wenn der

Vater oder die Mutter das Kind zu Fuß zum Kindergarten bringen, gibt ihm das Gelegenheit, immer wiederkehrende Abläufe zu erleben und sich einzuprägen. Ein kleines Kind erkennt dabei keine Straße, sondern kleine Dinge wie etwa »das Mäuerchen«, »den Hauseingang«, »das Törchen«. Jeden Tag wird es untersuchen, ob alles noch so funktioniert wie am Tag zuvor. Wenn es tatsächlich so ist, kommt das Kind zur Ruhe und kann weitere Dinge wahrnehmen.

Gleiche Abläufe oder auch Rituale geben dem Kind also Halt und Sicherheit. Umgekehrt gilt: Je wechselhafter die täglichen Abläufe sind, desto weniger kann das Kind aufnehmen und verarbeiten. Das bezieht sich übrigens nicht nur auf Abläufe, sondern auch auf Reaktionen anderer Menschen. Je kleiner das Kind, desto vertrauter müssen daher die Bezugspersonen sein. Je häufiger sie wechseln, desto weniger Halt und Orientierung empfindet das Kind, und desto weniger Entwicklung macht seine Psyche durch. Darum ist es so wichtig, dass Kinder beispielsweise im Kindergarten immer dieselbe Gruppe, den gleichen Inhalt, dieselben Bezugspersonen und die gleichen Abläufe erleben dürfen.

Für zu Hause heißt das idealerweise: zu gleichen Zeiten essen, vorher Hände waschen, am Tisch warten, bis alle da sind, vielleicht sogar ein gemeinsamer Spruch oder andere Rituale. Ein weiteres Beispiel für heimische Abläufe dieser Art wäre: Abends erst essen, dann aufräumen, dann ausziehen, dann waschen, ins Bett gehen, vorlesen und schlafen. Es geht dabei nicht um Erziehung, sondern darum, Halt zu geben.

Der dritte und letzte Punkt schließlich ist der wichtigste: anleiten, begleiten und Reihenfolgen bilden. Diese Faktoren bilden einen entscheidenden Antrieb für die Entwicklung der emotionalen Psyche, sie gehören überallhin, wo Kinder sind. Eltern sollten dabei liebevoll vorgehen, indem sie dem Kind deutlich machen: »Jetzt tust du das, jetzt das, jetzt das.« Dabei geht es auf keinen Fall darum, Kindern stur etwas beizubringen, sondern darum, dass sich durch das Anleiten, Begleiten und Bilden von Reihenfolgen die Psyche der Kinder entwickelt und bildet.

Bei kleinen Kindern gilt das fürs Anziehen, aber auch beim Aufräumen, Waschen und anderen alltäglichen Dingen. Bei Grundschülern sind es die Abläufe im Schulunterricht. Auch hier sollten die Lehrer die Reihenfolge vorgeben, zum Beispiel so: »Jetzt holt ihr alle das Deutschbuch raus, schlagt Seite zehn auf, dann übertragt ihr die Überschrift von der Tafel ins Heft, nehmt euer Lineal heraus, und zieht eine Linie unter die Überschrift.«

Ähnliches gilt für die Hausaufgaben. Bei Erstklässlern ist es wichtig, dass Vater oder Mutter noch daneben sitzen und den Kindern dabei helfen, die Aufgaben in einer sinnvollen Reihenfolge zu erledigen. Bei älteren Kindern kommen die Eltern zumindest immer wieder dazu. Dabei geht es, ich kann es nicht oft genug betonen, nicht um ein reines Anerziehen von Arbeitshaltung und auch nicht um ein Lernergebnis.

Die oben genannten drei Grundregeln sind zentrale Punkte, wenn wir darüber reden, was zu tun ist, damit sich die emotionale und soziale Psyche bei Kindern bilden kann. Dafür ist es unerlässlich, dass Anleiten und Begleiten wichtige Bestandteile der Erziehung sind. Bei den derzeit favorisierten offenen Konzepten in Kindergarten und

Grundschule herrscht die Vorstellung, das Kind solle sich frei entscheiden und lernen. In solchen Konzepten können Erzieher und Lehrer diese wichtigste Leistung zur Entwicklung der emotionalen und sozialen Psyche jedoch nicht erbringen. Das Kind ist auf sich gestellt.

Kritiker interpretieren meine Forderung nach Anleitung und Begleitung gern als Bevormundung oder als Infantilisierung, also ein Kleinhalten des Kindes. Tatsächlich jedoch ist es so, dass Eltern normalerweise intuitiv einen Blick für die Notwendigkeit der Begleitung haben. Ab einem bestimmten Alter zieht der Vater oder die Mutter das Kind nicht mehr an, beide helfen aber noch eine Zeit lang bei schwierigen Aktionen, wie etwa beim Anziehen der Strümpfe oder dem Binden der Schnürsenkel. Sobald das Kind sich perfekt selbst anziehen kann, werden die Eltern es an diesem Punkt nicht mehr begleiten, sondern den Schwerpunkt auf andere Dinge legen, also etwa auf das Erledigen der Hausaufgaben, auf das Aufräumen oder anderes.

Wenn Eltern ihrem Kind also die Sicherheit und den Halt verleihen, den es braucht, hilft das dem Kind nicht nur, eine altersgemäße psychische Entwicklung zu nehmen. Diese Kinder sind außerdem zunehmend entspannter. Womit ich an einem weiteren wichtigen Punkt angelangt wäre: Ich habe noch nie so viele angespannte, da überforderte Kinder erlebt wie heute. Von Rückenverspannungen über Kopfschmerzen bis zu Schlafstörungen und Tics beobachte ich in meiner Praxis alle möglichen, eigentlich kinderuntypischen Phänomene.

Wenn sich also die Kinder entspannen, entspannt sich auch das Verhältnis zum Kind, die Beziehung wird positiv.

Eltern macht es nun beispielsweise wieder mehr Spaß, etwas mit dem Kind gemeinsam zu unternehmen. Das Kind fühlt sich gehalten und sicher, es macht nach Aufforderung gern etwas für den Erwachsenen, und daran wächst wiederum die Beziehung. Und für Lehrer gilt: Sie können endlich wieder einen ganz anderen Unterricht machen, der allen Beteiligten Spaß macht.

Diese spürbare Entspannung ist bei mir in der Praxis ein Phänomen, das ich oft schon nach drei Monaten bei Kindern und Eltern erlebe. Ich kann quasi zusehen, wie sich die Psyche entwickelt, die Kinder also immer mehr wahrnehmen und sich somit ganz anders verhalten.

Anleitung, Begleitung und das Bilden von Reihenfolgen sind nicht nur im frühen Kindesalter enorm wichtig für die Bildung der Psyche, auch schulreife und lernwillige Kinder benötigen noch diese Strukturierung, gerade heute besonders, weil immer mehr Kinder diesen Reifegrad nicht mehr haben, wenn sie in die Schule kommen. Sie brauchen diese Vorgehensweisen verstärkt, damit sie überhaupt schulreif werden.

Die Kinder werden dann lernwillig und wissbegierig, bleiben aber weiterhin auf Unterricht angewiesen, in dem der Lehrer sie auf sich bezieht. Es muss also erst ein Fundament geschaffen werden, damit beispielsweise in der Schule das Erlernen der Kulturtechniken möglich ist. Kinder mit einer altersgemäß gebildeten Psyche besitzen die bereits erwähnte intrinsische Motivation, sie wollen von ganz allein lesen, schreiben und rechnen lernen.

Daher empfiehlt es sich für den Lehrer, in Momenten, in denen ein Kind »abgetaucht« ist und den Lehrer spürbar nicht registriert, kurz innezuhalten, also Ruhe zu bewahren und nicht direkt mit Druck zu sagen, was er möchte. Falls das Kind nicht reagiert, muss der Lehrer es in aller Ruhe noch einmal deutlich ansprechen. Im Allgemeinen wird dann eine Reaktion erfolgen. Erst wenn die Aufmerksamkeit da ist, sollte der Lehrer im Nebensatz sagen, was er vom Kind möchte, zum Beispiel: »Nimm dir bitte ein Blatt Papier!« Dieser Wunsch hat jedoch keinerlei erzieherische Wirkung, es geht nur darum, dem Kind deutlich zu machen, dass da ein Mensch ist, der etwas von ihm möchte. Der Erwachsene sagt dem Kind im Grunde nur: »Hallo, mich gibt es!«

Ähnliches gilt umgekehrt, also, wenn das Kind etwas vom Erwachsenen möchte. Mein Ratschlag für Erwachsene – seien es Eltern oder Lehrer – lautet in diesem Fall: Versuchen Sie, auf eine Forderung des Kindes nicht sofort, sondern mit leichter Verzögerung zu reagieren, etwa, indem Sie innerlich leise bis drei oder vier zählen und sich erst dann dem Kind zuwenden. Altersgemäß entwickelten Kindern schadet das nicht, bei Kindern, die Nachreifung benötigen, bricht dieser kleine Trick genau die Routine auf, die sich ihnen in der Symbiose fest eingeprägt hat. Der Erwachsene ist plötzlich nicht mehr der »Gegenstand«, der immer sofort reflexartig reagiert, sondern »Mensch«, und als solcher reagiert er betont verzögert. Erwachsene, die nicht in einer Beziehungsstörung sind, leisten diese Verzögerung bei kleinen Kindern ohnehin intuitiv und signalisieren damit den Unterschied zwischen Gegenstand und Mensch.

Eines sollte man sich allerdings von vornherein klarmachen: Die betonte Verzögerung durchzuhalten, fällt schwer.

Die Kinder sind ja nur psychisch Kleinkinder, nicht biologisch. Sie werden also über ihre Intelligenz und Sprachfähigkeit immer wieder versuchen, ihr Weltbild zu bestätigen. Wenn die Erwachsenen darauf, wie eben beschrieben, mit Verzögerung reagieren, können diese Kinder sehr penetrant und nervig werden, was wiederum die Erwachsenen aushalten müssen. Das ist nicht einfach, man kann es aber erlernen und üben.

Solche kleinen Veränderungen im Verhalten von Erwachsenen gegenüber Kindern klingen sehr unspektakulär, sind es wohl auch, wirken aber bisweilen Wunder. Es geht dabei immer nur darum, dem Kind ein Gespür dafür zu vermitteln, dass es nicht von beliebig steuerbaren Gegenständen umgeben ist, sondern von anderen Menschen, die sich ihm gegenüber individuell verhalten.

Was ich beschreibe, ist kein pädagogisches Handeln in dem Sinne, dass Erwachsene den Kindern Grenzen setzen sollen. Es ist einfach nur ein intuitiv vom anderen Individuum, in diesem Fall dem Kind, abgegrenztes Verhalten, das zeigt: »Hier bin ich, dort bist du, und wir sind zwei verschiedene Menschen mit verschiedenen Bedürfnissen.«

Wenn Erwachsene sich wie beschrieben verhalten, bildet sich beim Kind die emotionale Psyche heran, die mit zunehmendem Alter dafür verantwortlich ist, dass das Kind sich in eine Gruppe einfügen kann, ohne diese durch sein egozentrisches Verhalten zu sprengen. Auch das werfen manche Pädagogen gern manchmal schon fast bösartig, mit »gruppenkonformem Verhalten« im negativen Sinne in einen Topf – als widerspräche die Fähigkeit, sich in eine Gruppe einzufügen, ohne dieser zu schaden, der

Fähigkeit, im Rahmen dieser Gruppe individuelle Stärken zu zeigen.

Im Gegenteil: Eine gebildete emotionale und soziale Psyche macht Kinder und Jugendliche stark. Sie können das Selbstbewusstsein entwickeln, ihre Fähigkeiten einzusetzen und weiterzuentwickeln, ohne dabei egoistisch und schädigend für andere Menschen vorzugehen.

Wir müssen aufhören, die Kinder zu betrügen!

Im Juni 2012 machte die Bundesarbeitsministerin Ursula von der Leyen mit einem erstaunlichen Vorschlag kurzzeitig Furore in den Medien. Soeben war mit der Firma Schlecker eine der größten Drogerieketten der Republik wirtschaftlich in die Knie gegangen, und es standen Hunderte von Arbeitsplätzen auf dem Spiel. Unter den betroffenen Arbeitnehmern waren viele Frauen, die in den Läden der Kette als Kassiererin oder an anderer Stelle ihr Auskommen gefunden hatten.

Die Ministerin präsentierte nun eine Idee, mit der sie offensichtlich in geradezu genialer Art und Weise zwei Fliegen mit einer Klappe schlagen wollte: Die arbeitslos gewordenen Frauen könnten doch als Erzieherinnen in Kindergärten arbeiten! Notwendig sei dazu lediglich eine Umschulung mit einer Dauer weniger Monate. Danach seien zum einen diese Frauen wieder in Lohn und Brot, und zum anderen sei damit das Problem des Personalmangels in Kindergärten gelöst oder zumindest abgemildert.

Was ist das für eine absurde Idee! Die Frage, die sich daraus ableiten lässt, lautet: Was sind uns unsere Kinder eigentlich noch wert? Sind sie nur noch Gegenstand politischer Schnellschüsse? Oder Spielball einander ständig widersprechender pädagogischer Theorien? Und wie verzweifelt muss die Politik sein, dass sie allen Ernstes einen solchen Vorschlag in die öffentliche Diskussion einbringt?

Wenn wir über Vorschläge wie den oben genannten auch nur länger als den Bruchteil einer Sekunde nachdenken, betrügen wir unsere Kinder um ihre Zukunft und die Generationen danach gleich mit. Wir sollten uns deshalb sehr genau vor Augen führen, was geschieht, wenn wir weitermachen wie bisher, wenn wir also zulassen, dass in unserer Gesellschaft immer mehr Kinder und Jugendliche heranwachsen, die emotional und sozial nie die Chance haben werden, den psychischen Entwicklungsstand eines Erwachsenen zu erreichen. Eine solche Gesellschaft wird für die meisten Menschen nur noch eine Belastung darstellen und kaum Sinn bieten.

Die Idee, Kassiererinnen einfach zu Erzieherinnen umzuschulen, zeigt zum einen, wie kurzsichtig das Handeln in Bezug auf Kinder heute geworden ist. Zum anderen zeigt es aber auch, wie wenig Wertschätzung pädagogische Arbeit und damit letztlich auch die Kinder selbst in unserer Gesellschaft genießen.

Mit ihrem Vorschlag sagt die Ministerin ja nichts anderes als: »Kinder erziehen kann jeder, dazu braucht man keine umfassende Ausbildung oder Fähigkeiten. Das ist im wahrsten Sinne des Wortes ›Kinderkram‹.« Die Probleme, die mir Erzieherinnen und Lehrer immer wieder schildern und mit denen ich in meiner Praxis tagtäglich konfrontiert bin, bestätigen mir indes das Gegenteil.

Ein Blick nach Frankreich zeigt, wie es anders laufen kann. Dort gibt es eine lange Tradition ganztägiger Förderung von Kindern außerhalb der Familien. Darum ist es selbstverständlich, dass Frühförderung eine entscheidende und wichtige Aufgabe ist und einer umfangreichen und tiefgehenden Ausbildung bedarf. Die dortigen Pädagogen haben ein Studium absolviert, sind hoch anerkannt und werden gut bezahlt.

Eine Konsequenz dieser Frühförderung durch spezialisierte Pädagogen ist, dass die von mir beschriebenen Probleme bei französischen Kindern derzeit noch nicht in dem Maße zu beobachten sind wie hierzulande. Geht man beispielsweise in Frankreich in ein Restaurant, in dem eine Familie mit mehreren Kindern sitzt und isst, so merkt man häufig davon gar nichts. Das liegt aber eben nicht daran, dass diese Kinder besonders streng erzogen wären. Nein, sie sind ihrem Alter gemäß entwickelt und nehmen wahr, dass sie im Restaurant andere stören würden, wenn sie herumschreien oder durch die Gegend laufen.

Was mich an Ursula von der Leyens Vorschlag so verärgert, ist aber nicht nur die Annahme, Erzieher bräuchten keine besondere Ausbildung. Er formuliert ja nicht zuletzt auch eine Idee, wie man in Zeiten leerer Haushaltskassen sparen kann. Was dabei mangels langfristiger Denkweise überhaupt nicht gesehen wird, ist die Tatsache, dass wir morgen und übermorgen die gesparten Summen in vielfacher Höhe werden investieren müssen, um zum einen die Kinder, die unter dieser Entwicklung zu leiden haben, mühsam zu fördern und zum anderen diejenigen, die mit dieser Förderung gar nicht mehr zu erreichen sind, in der sozialen Hängematte aufzufangen. Darüber hinaus geht es nicht nur um Geld, sondern wir haben im Augenblick ein Problem mit dem hohen Bedarf an Personal durch Ganztagsangebote und dem Recht auf einen Krippenplatz bei gleichzeitig viel zu wenigen ausgebildeten Fachkräften.

Es ist eigentlich nicht schön, so zu argumentieren, weil die finanzielle Frage im Bezug auf Kinder nicht im Vordergrund der Betrachtung stehen sollte. Aber da sich heute, gerade in der Politik, alles nur noch ums Geld zu drehen scheint, ist es sicher sinnvoll, sich über diese Zusammenhänge und ihre Konsequenzen für die Zukunft unserer Gesellschaft Gedanken zu machen.

Es stimmt: Bildung kostet Geld, sie bringt aber dem Staat auch einen erheblichen »return on invest«, wenn gut ausgebildete junge Menschen in guten Berufen gute Leistung bringen, wenn sie damit die Gesellschaft voranbringen und gleichzeitig ganz profan auch erhebliche Steuerleistungen erbringen.

Das ist eigentlich eine Binsenweisheit, die aber scheinbar nicht mehr im Blick ist, wenn man sich anschaut, wie konsequent das Bildungssystem mittlerweile den Kindern die Chance entzieht, sich zu emotional und sozial stabilen Erwachsenen zu entwickeln. Die Zahlen sprechen für sich: Gab es 1990 im Kindergarten noch zwei voll ausgebildete Erzieherinnen für zwanzig Kinder, so liegt das Verhältnis bis heute in den meisten Fällen eher bei fünfundzwanzig Kindern, für die eine Erzieherin und eine Kinderpflegerin mit geringerer Qualifikation zuständig sind. Personalabbau also bei mehr Kindern mit mehr Problemen. Das nenne ich Betrug am Kind durch den Staat.

Doch auch die Erziehungswissenschaftler verüben vielfach Betrug am Kind, indem sie häufig scheinbar »aus dem Bauch heraus« sehr konkrete Handlungsmodelle postulieren. Das ist zwar dann auch alles irgendwie wissenschaftlich, aber für mich als Mediziner ist es kaum nachvollziehbar, warum sich in der Pädagogik niemals die Vorstellung durchgesetzt hat, dass jede neue Methode zunächst einmal mit einer sogenannten Doppelblindstudie bestätigt werden muss.

In der Naturwissenschaft sind solche Studien Standard, und erst wenn diese ergeben haben, dass eine neue Methode positive Auswirkungen hat, darf der Forscher, der die Methode entdeckt hat, überhaupt dazu publizieren. Anders ausgedrückt: Wenn ein Mediziner eine neue Methode erfindet, kann er sie nicht einfach auf den Markt werfen. Er muss eine Langzeitstudie mit tausenden Patienten machen, einmal mit, einmal ohne seine Methode (daher Doppelblindstudie). Nur bei einem eindeutigen Beweis, dass die neue Methode besser ist als die bisherigen, kann sie flächendeckend eingeführt werden.

Sicher lassen sich naturwissenschaftliche Methoden nicht eins zu eins auf einen Bereich wie die Pädagogik übertragen. Trotzdem halte ich es für dringend notwendig, eine solche Form der Kontrolle von Forschung zu etablieren, da sonst weiter unkontrollierter Wildwuchs an Theorien, Modellen und Konzepten entsteht, der die Situation an Schulen, Kindergärten und weiteren Bildungseinrichtungen noch verschärft.

Es geht mir dabei nicht um ein starres Beharren auf wissenschaftlichen Vorgehensweisen, sondern darum, unsere

Kinder vor weiteren Schäden durch eine mangelhafte Systematik der Erziehungswissenschaften zu bewahren. Diese Schäden sind bereits jetzt offensichtlich, wenn man das Modell vom »Kind als Partner« und seine Auswirkungen in der Praxis analysiert. Wenn Erwachsene Kinder nicht mehr als Kinder sehen, wie es eben heute zunehmend geschieht, ist es nicht verwunderlich, wenn sich Vorstellungen vom Unterricht herauskristallisieren, die sich kaum noch an entwicklungspsychologischen Erkenntnissen orientieren.

Um nur ein paar Beispiele zu nennen: Wo sind die wissenschaftlich fundierten Untersuchungen, die beweisen, dass Gruppenunterricht dem klassischen Frontalunterricht überlegen ist? Und wer hat eigentlich bewiesen, dass die immer noch an vielen Schulen praktizierte Methode des Erlernens der Rechtschreibung per »Lesen durch Schreiben« tatsächlich, wie ursprünglich einmal behauptet, zu besseren Ergebnissen bei Aufsätzen geführt hat?

Die Idee stammt von dem Schweizer Pädagogen Jürgen Reichen, der auch die Bezeichnung »Lesen durch Schreiben« geprägt hat. In die gleiche Richtung geht auch der Ansatz der »Rechtschreibwerkstatt« des deutschen Pädagogen Norbert Sommer-Stumpenhorst sowie der »Spracherfahrungsansatz« von Hans Brügelmann. Alle Methoden eint die Annahme, dass Lehrer die Fehler der Kinder beim Erlernen von schriftsprachlichen Äußerungen zunächst einmal nicht korrigieren sollen, damit die Kinder mehr Freude am Schreiben bekommen und nicht durch das Erlernen der Rechtschreibung darin ausgebremst werden.

Diese Annahme mag richtig sein, berücksichtigt jedoch nicht, dass die Rechtschreibung dabei auf der Strecke bleibt.

So ist in einer sehr ausführlichen Stellungnahme zu den genannten Modellen etwa Folgendes zu lesen:

> »Etliche der Kinder, die zu Beginn des Anfangsunterrichts noch eine rasante Entwicklung zu nehmen scheinen, bleiben dennoch auf Dauer nur unterdurchschnittliche Rechtschreiber. Enttäuschte Eltern berichten immer wieder davon. Inzwischen gibt es Untersuchungen, die die Erfahrungen der Eltern bestätigen. Die Professorin Agi Schründer-Lenzen beschreibt in ihrem Buch zum Schriftspracherwerb zahlreiche Ergebnisse aus der Wissenschaft, die bestätigen, was viele Eltern nur vermuten können: Nach ›Lesen durch Schreiben‹/›Spracherfahrungsansatz‹ und ›Freies Schreiben‹ unterrichtete Kinder erzielen oft recht bald schon verblüffende Lese- und Schreibleistungen, die aber offenbar nicht tragfähige Grundlagen für den weiteren Lernprozess sind – und es auch nicht sein können. Hinzu kommt, dass diese Kinder auch weiterhin fortwährend in methodischer Hinsicht nur einseitig bedient werden und so in einen Rückstand geraten, der ohne rechtzeitige Hilfe nicht wettgemacht werden kann. Wenn ihre speziellen Schwächen unbemerkt bleiben und nicht rechtzeitig, d. h. bis spätestens in der zweiten Klasse, Fördermaßnahmen eingeleitet werden, kann die unterlassene Hilfeleistung zu irreversiblen Schäden führen. Dabei könnte den Kindern in den allermeisten Fällen geholfen werden, wenn die Lese-Rechtschreib-Schwächen beziehungsweise -Störungen, die auch schon einmal durch eine ungeeig-

nete Unterrichtsmethode verursacht sein können, erkannt würden. Lehrerinnen der neuen Methoden ziehen es indes noch über lange Zeit hinweg vor – oft bis in die dritte Klasse hinein –, die Eltern zu vertrösten, sie reden von ›Entwicklungsverzögerungen‹ bei den Kindern und prophezeien, die Schwierigkeiten würden sich bald ›auswachsen‹.«[10]

Bewiesen ist bisher nichts, sicher scheint nur eines: Auf dem Gebiet der Rechtschreibung hat sich nichts verbessert, im Gegenteil, die Fähigkeiten sind durch solche Modelle eher noch zurückgegangen. Die Klagen von Ausbildern und Personalchefs in Unternehmen über die unzureichenden Kenntnisse auf diesem Gebiet sind so zahlreich wie eindeutig. Und die Misere führt sogar dazu, dass große Firmen enorme Summen investieren, um ihren Nachwuchs in Orthografie und Mathematik einigermaßen auf Kurs zu bringen.

Das alles ist überhaupt kein Wunder, wenn man sich klarmacht, dass auch das Erlernen der Rechtschreibung nach dem gleichen Muster funktioniert wie die gesamte kindliche und jugendliche Entwicklung: Dinge werden gelernt, eingeprägt und abgespeichert. Lernt nun das Kind ohne Korrektur von außen ständig falsche Schreibweisen von Wörtern, so wird es genau diese falschen Schreibweisen abspeichern und später regelmäßig einsetzen. Da hilft kein pädagogisches Geschwurbel, sondern das ist hirnorganische Realität, so funktionieren einfach unsere Nervenzellen.

Versuche ich beispielsweise, mir das Tennisspielen selbst beizubringen, wird es dazu führen, dass ich falsche Bewegungsabläufe einübe. Es bedürfte dann der Spiegelung von außen durch einen Trainer, um das falsch Gelernte wieder zu korrigieren. Das ist ein langer und mühsamer Prozess, viel mühsamer, als wenn ich unter Anleitung des Trainers gleich von Anfang an die richtigen Bewegungen eingeübt hätte. Nichts anderes passiert bei diesen Rechtschreibmodellen. Die Kinder lernen etwas Falsches und müssen sich diese Fehler später mühsam wieder abtrainieren.

Wir haben es im Fall des »Lesens durch Schreiben« also mit einer pädagogischen Idee zu tun, die nicht in Langzeitstudien getestet (wonach sie dann mit Sicherheit schnell wieder verworfen worden wäre), sondern sofort breit in der Praxis angewendet wurde. Eine ganze Generation hat damit bereits unter einer einzigen Idee gelitten, die irgendwann einmal jemand entwickelt und in die Welt entlassen hat. Um den Vergleich noch einmal zu ziehen: In der Medizin hätte ein solcher Vorgang fatale Folgen haben können, Menschen wären zu Schaden gekommen. Hier ist es zum Glück »nur« die Rechtschreibfähigkeit kommender Generationen, die Schaden nimmt.

Kurz vor Fertigstellung dieses Buches hat der *Spiegel* in einer großen Titelgeschichte sich genau dieser Thematik angenommen. Unter der Überschrift »Die neue Schlechtschreibung«[11] führen die Autoren des Artikels dezidiert aus, welche Auswirkungen die Anwendung der beschriebenen Konzepte hat. Statistiken weisen beispielsweise nach, dass in einem freien Aufsatz, den Viertklässler über einen kurzen Film schreiben sollten, im Jahr 1972 im Schnitt 6,9 Fehler pro hundert Wörter gemacht wurden, 2002 bereits 12,3 Fehler und 2012 15,9 Fehler. Weiterhin zitiert der Artikel die Schulleistungsstudie DESI, nach der »nur noch jeder fünfte

Neuntklässler die deutsche Orthografie einigermaßen sicher beherrscht«. Von »16 Fehlern in einem Testdiktat mit 68 Wörtern« ist die Rede, also ein Ergebnis, das noch verheerender erscheint als der vorhin erwähnte Aufsatz.

Meine Forderung nach Langzeitstudien für neue pädagogische Konzepte gilt aber nicht nur für die Rechtschreibung, sondern auch für Neuerungen wie die Lerntheken, den jahrgangsübergreifenden Unterricht, die Sitzordnung im Klassenraum, Spielecken und vieles mehr.

Aber lassen Sie mich noch einmal zurückkommen auf die pädagogische Idee des freien Schreibens: Ihr liegt der Gedanke zugrunde, Entwicklung beim Kind beziehungsweise beim Jugendlichen finde von ganz allein statt, ohne Zutun durch Erwachsene – ein Irrglaube, der jedoch immer stärker zu grassieren scheint. Dabei ist es eine Tatsache, dass Kinder viele Dinge erst mühsam einüben müssen, kaum etwas ist einfach irgendwann von selber »da«. Mit der Rechtschreibung verhält es sich keinen Deut anders. Hinzu kommt aber noch ein weiterer wichtiger Aspekt: Wenn der Lehrer in der Schule von vornherein die richtige Rechtschreibung mit den Kindern einübt und sie ihnen auch abverlangt, dann üben die Kinder nicht nur die Rechtschreibung, sondern sie üben sich auch in weiteren Fertigkeiten, beispielsweise in Arbeitshaltung und Frustrationstoleranz. Das Kind kann erleben, dass es nicht alles einfach kann, sondern vieles üben und sich erarbeiten muss, wobei es sich am Lehrer ausrichtet, der es korrigiert und ihm damit eine klare Orientierung gibt.

Dadurch bildet sich in der Psyche des Kindes eine zusätzliche Kontrollinstanz, die im späteren Leben, wenn der erwachsene Mensch seine Arbeitsweise selbst kontrollieren muss, wichtig ist. Nur derjenige Erwachsene, der als Kind und Jugendlicher eine solche Kontrollinstanz entwickeln konnte, kann später, im Berufsleben, sich selbst die Frage stellen: »Habe ich das richtig gemacht?«, und damit das Ergebnis seiner eigenen Arbeit kontrollieren. Viele Heranwachsende können sich diese Frage heute gar nicht oder nicht mehr in ausreichendem Maße stellen. Sie kommen also gar nicht mehr auf die Idee, sie könnten etwas falsch gemacht haben.

Somit trägt also alles, was Lehrer Kindern in der Schule abverlangen, entscheidend zur Bildung der emotionalen und sozialen Psyche bei. Das scheinen viele Lehrer heute jedoch nicht mehr zu wissen, mit dem Ergebnis, dass sie die Kinder doppelt betrügen. Um beim Beispiel der Rechtschreibung zu bleiben: Sie betrügen zum einen die Schüler darum, dass sie eine wichtige Fähigkeit, nämlich fehlerfreies Schreiben, erlernen und später darüber verfügen können. Darüber hinaus betrügen sie sie um die Bildung wichtiger Anteile ihrer Psyche, die sie brauchen, um im späteren Leben klarzukommen. Spätestens bei der Berufsausbildung rächt sich das Fehlen dieser Fähigkeiten. Die fehlende Schreibkompetenz könnte ja zur Not noch durch Rechtschreibprogramme am PC kompensiert werden. Doch die fehlende Förderung der emotionalen und sozialen Psyche einschließlich des Einübens weiterer psychischer Funktionen kann nichts ersetzen.

An dieser Stelle muss die Frage erlaubt sein, welche Rolle Lehrer bei diesem Betrug an den Kindern spielen. Wie viele Lehrer haben beispielsweise die Probleme bei der

Rechtschreibung kommen sehen und trotzdem nicht protestiert? Wieso macht es den Eindruck, als hätte die komplette Lehrerschaft einen Maulkorb verpasst bekommen? Mir scheint, derzeit werde viel geduldet, erduldet und verschwiegen. Mir scheint auch, dass damit der »Gehorsam« gegenüber dem Dienstherrn zu weit geht, und ich befürchte, dass auf diese Weise ein großer Prozentsatz von Kindern massive Probleme im Leben haben wird.

Exkurs: Ein Berufsschullehrer berichtet

Es ist also Betrug an unseren Kindern, wenn Lehrer sie über die gesamte Schulzeit hinweg in dem Glauben lassen, sie seien optimal aufs Leben vorbereitet, obwohl in Wirklichkeit nur die Anforderungen abgesenkt wurden. Den Beweis dafür liefert ein Blick auf die Schnittstelle zwischen Schule und Berufsleben: Ich habe viel mit Berufsschullehrern, mit Ausbildern und Unternehmern zu tun. Fast alle berichten ähnliche Dinge wie dieser Berufsschullehrer hier, der freundlicherweise für ein Gespräch zur Verfügung stand:

> *Sie sind Lehrer an einem Berufskolleg. Welche Art von Schülern unterrichten Sie dort?*
> Ich unterrichte in der technisch-handwerklichen Richtung wie beispielsweise bei Maurerklassen. Generell ist es am Berufskolleg so, dass dort alle nachschulischen Ausbildungsmöglichkeiten zusammengefasst sind. Bei uns gibt es also Berufsschüler, Schüler, die ein Berufsgrundschuljahr machen oder auch wel-

che, die den erweiterten Hauptschulabschluss erreichen wollen, also das, was man heute als »10b« bezeichnet. So eine Klasse habe ich derzeit auch.

Spüren Sie Veränderungen in der Schülerschaft? Wenn ja, welche, und wie erklären Sie sich diese?
Das ist eigentlich das Seltsame. Ich spüre genauso wie auch die meisten meiner Kollegen deutliche Veränderungen, aber bisher fehlen uns wirklich brauchbare Erklärungsansätze für diese Veränderungen.

Was hat sich verändert?
Das Leistungsniveau insgesamt ist in erschreckendem Maße gesunken. Dabei rede ich nicht über herausragende Leistungen und überdurchschnittliche Fähigkeiten, sondern über die ganz normalen Grundfertigkeiten. Die Schüler, die vor mir sitzen, haben alle mindestens einen ganz normalen Hauptschulabschluss. Trotzdem befinden sich die Kenntnisse in Mathematik oder beim Lesen auf einem Niveau, bei dem es jeden Lehrer gruselt. Bei diesen Jugendlichen scheint die komplette Schulbildung quasi unbemerkt an ihnen vorübergezogen zu sein. Zudem musste ich bei meiner aktuellen Klasse feststellen, dass der Begriff »Hausaufgaben« so gut wie unbekannt war.

Die Schüler hatten zuvor niemals Hausaufgaben gemacht?
Niemals sicherlich nicht, aber in den letzten Jahren ihrer Schulkarriere offensichtlich kaum. Sie waren jedenfalls sehr erstaunt, als sie hörten, dass es so etwas

gibt und dass ich nicht vorhatte, von dieser Anforderung abzurücken.

Schaffen Sie es, den nicht zur Verfügung stehenden Stoff nachzuholen?
Kaum. Denn das Problem dabei liegt ja auch auf zwei Ebenen. Zum einen ist da die reine Stofffülle, die theoretisch aufgeholt werden müsste. Ich frage manchmal nach Dingen, die in jedem Bundesland im Lehrplan für die siebten und achten Klassen stehen. Dann wirkt das für mich, als ob die Schüler von diesen Dingen noch nie etwas gehört hätten. Das können Sie unmöglich komplett nachholen und noch neuen Stoff unterrichten. Die zweite Problemebene ist die der Lernbereitschaft. Die ist nämlich kaum vorhanden. Viele Schüler demonstrieren offen ihre Unlust, zusätzlich habe ich bei der überwiegenden Zahl den Eindruck, dass Erklärungen überhaupt nicht ankommen. Es ist, als wenn ich mit einer Wand rede.

Was sagen die Schüler, wenn sie merken, dass es eng werden wird mit dem Abschluss?
Was sollen sie schon sagen? Die meisten verstehen ja gar nicht, wie brenzlig ihre Lage ist. Ich stehe regelmäßig kurz vor Ende eines Schuljahres vor Schülern, die fast nur Sechsernoten geschrieben haben und die mir im Brustton der Überzeugung sagen, sie würden den Abschluss schon noch schaffen. Die glauben das wirklich, sogar noch in dem Moment, in dem diese Möglichkeit auch faktisch überhaupt nicht mehr besteht.

Nebenbei bemerkt sitzen zu dem Zeitpunkt, zu dem diese absurden Gespräche stattfinden, in der Regel auch schon längst nicht mehr alle anfangs gestarteten Schüler in der Klasse. Bei meiner letzten Klasse sind von vierundzwanzig gerade mal fünfzehn bis zum Ende dageblieben, davon haben ganze drei den Abschluss 10b geschafft. Auf der anderen Seite hatte ich aber zehn Schüler mit der Note »Fünf« oder »Sechs« in Mathe.

Was sagen die abgebenden Schulen zu dieser katastrophalen Bilanz?
Der Kontakt ist da recht mau. Ich würde mir im Grunde mehr Kommunikation wünschen, aber man hat fast das Gefühl, dass die einfach nur froh sind, die Schüler losgeworden zu sein, und dann nichts mehr davon hören möchten.

In *Persönlichkeiten statt Tyrannen* habe ich bereits ausführlich über solche und ähnliche Beispiele aus dem Bereich der Schnittstelle zwischen Schulausbildung und dem Übergang in die Arbeitswelt berichtet. Deshalb kann ich hier ergänzen, dass der Eindruck des Lehrers, die Schüler hätten noch nie von bestimmten Unterrichtsinhalten gehört, täuscht: Sie haben den Stoff in der Schule zwar gelernt, aber sie konnten ihn aufgrund ihrer fehlenden emotionalen und sozialen Reife nicht dauerhaft aufnehmen und abspeichern. Daher würde es auch nicht ausreichen, als allgemein pädagogische Reaktion einfach mit mehr Hausaufgaben oder intensiveren Übungen zu arbeiten. Hier muss man ganz klar eine psychische Nachreifung erreichen.

G8 – oder: Wie man eine der Lieblingsdiskussionen im Bildungsbereich auch betrachten kann

Wenn in Deutschland über Bildung diskutiert wird, geht es in den letzten Jahren häufig vor allem um ein Thema: die Verkürzung der gymnasialen Schulzeit um ein Jahr, landläufig bekannt unter dem Kürzel G8. Das Thema eignet sich immer wieder für Titelgeschichten in den großen Magazinen, gern auch mal, wie zuletzt im Frühjahr 2013 im *Spiegel*, unter dem Titel »Plattgepaukt«[12], illustriert mit traurig dreinschauenden Kindern, auf deren Pullovern statt eines Markenschriftzugs deutlich zu lesen ist: »Ich kann nicht mehr.« Besagte *Spiegel*-Titelgeschichte stellt die Frage: »Wer Kinder oder Eltern nach dem Schulalltag fragt, hört dramatische Klagen über Schufterei und Strapazen. Üben die Lehrer tatsächlich zu großen Leistungsdruck aus?«

Ich bin weit davon entfernt, mir ein grundsätzliches Urteil über diese Schulreform anzumaßen. Ich glaube auch gern, dass die in diesem und vielen anderen Artikeln beschriebenen Fälle von stark belasteten Kindern mit Fünfzig-Stunden-Woche vorkommen. Mir geht es um eine Betrachtungsweise, die die Frage nach G8 oder G9 oder weiteren Modellen im Bereich der weiterführenden Schulen in einem ganz anderen Licht erscheinen lässt.

Bisher wird die G8-Problematik von Eltern und Politik nur unter dem Gesichtspunkt der Belastung der Schüler am Gymnasium selbst diskutiert. Kaum jemand schaut jedoch auf die Zeit, die dem Wechsel in die G8-Jahre vorangeht, kaum jemand schaut auf die Schule, über die ich hier schon viel geschrieben habe, weil sie für alles Weitere elementar ist: die Grundschule.

Dabei müsste gerade dieser Blick den Diskussionen über die Ausgestaltung der Gymnasialjahre vorangehen. Was dieser Blick ans Tageslicht bringen würde, hat die *Frankfurter Allgemeine Zeitung* 2012 immerhin in einem kleinen Artikel beleuchtet und ist dabei zu Ergebnissen gekommen, die mich wenig erstaunen:

> »Würden die Ergebnisse in ihrer ganzen Brisanz wahrgenommen, müsste längst ein Aufschrei durch die Elternschaft gehen: Denn in manchen deutschen Ländern wird bis zu 30 Prozent der Grundschüler die Zukunft systematisch verbaut. Vieles spricht dafür, dass das achtjährige Gymnasium keine so große Klippe wäre, wenn Schüler in der vierten Klasse wenigstens eines gelernt hätten: das Lernen. Davon kann aber keine Rede sein. Die Schonhaltung der Lehrer gegenüber ihren Schülern überwiegt. Wenn nach zwei Monaten Grundschule nur vier Buchstaben gezeigt werden, wird auch noch das aufgeweckteste Kind seine Neugier verlieren und sich langweilen.«[13]

Deutlicher kann man es kaum sagen: Die Überlastung der Gymnasiasten hat neben den strukturellen Fehlern der G8-Umsetzung ihre Gründe vor allem darin, dass in der Grundschule nicht die notwendigen Voraussetzungen für eine erfolgreiche Mitarbeit an der höheren Schule geschaffen werden.

Im Artikel heißt es weiter:

»Offenkundig ist manchen Grundschulen noch nicht klar, welche Verantwortung sie für das haben, was ihre Schüler am Ende der vierten Klasse beherrschen müssen. Um die Verlängerung des Kuschelraums Kindergarten kann es jedenfalls nicht gehen.«

Genau diese »Verlängerung des Kuschelraums« jedoch ist Grundsatz einer Pädagogik, die sich offensichtlich nicht für die Erkenntnisse der Entwicklungspsychologie interessiert. Die Verfechter dieser Pädagogik argumentieren unter anderem mit Rücksichtnahme auf die Kinder und ihr Wohl und damit, dass die »modernen« Unterrichtsformen die Kinder angeblich besser einbeziehen. Diese »Moderne« zieht sich dann durch die ganze Schulkarriere. So ist es durchaus interessant, darüber nachzudenken, wie die heute üblichen Abi-Noten mit unglaublich vielen Einser-Durchschnitten eigentlich zustande kommen, wenn die Anforderungen durch G8 doch so enorm gestiegen sind. Auch hier zeigt sich wohl eher eine Verknappung der Diskussion. An den weiterführenden Schulen werden die Anforderungen offenkundig abgesenkt, die Debatte darüber passt jedoch nicht ins politische Kalkül.

Vielleicht aber hängt auch einfach alles miteinander zusammen. Um es nochmals zu rekapitulieren: Bereits im Kindergarten überwiegen Kinder, die aufgrund der fehlenden Entwicklung ihrer emotionalen und sozialen Psyche nicht kindergartenreif sind. Die Pädagogik reagiert mit einer Absenkung des Niveaus, alles ist plötzlich »offen« und »frei«. Die Grundschule wiederum erhält Kinder, die sich weder zu Hause noch im Kindergarten richtig psychisch entwickeln konnten und nun mit dem Schulunterricht völlig überfordert sind. Sie reagiert wiederum mit einer Absenkung des Niveaus und setzt auf offene und freie Konzepte, die auch eine Nachreifung unmöglich machen, weil sie die Beziehungsebene außer Acht lassen.

Die Grundschule entlässt somit Kinder, die emotional nicht in der Lage sind, sich auf die erhöhten Anforderungen an den weiterführenden Schulen einzustellen. Auch diese Schulen reagieren wiederum mit einer Absenkung der Anforderungen, gleichzeitig müssen diese Anforderungen aber in kürzerer Zeit erfüllt werden, weil es der Lehrplan so vorschreibt. Wenn man das konsequent durchdenkt, erkennt man schnell, wie groß der Wurm ist, der hier im System steckt. Um nochmals die *Frankfurter Allgemeine Zeitung* zu zitieren:

> »Für die Kinder wirkt sich die vielerorts übliche Schonhaltung und Verzettelung an Grundschulen katastrophal aus, denn sie gehen vier Jahre zur Schule und lernen nicht einmal, dass Leistung etwas mit Anstrengung zu tun hat – von der Beherrschung der simpelsten Lese-, Schreib- und Rechentechniken ganz abgesehen. Im Gymnasium können solche Grundschüler nur scheitern. Gymnasiallehrer fühlen sich für Sprachunterricht im elementaren Sinne nicht verantwortlich, sondern müssen auf die Grundschullehrer vertrauen. [...] Worauf es ankommt, ist ein tragfähiges Grundschulfundament.«[14]

Das Bild des Fundaments passt an dieser Stelle sehr gut, beschreibt es doch im Grunde genau das, worum es mir in all meinen Vorträgen, Büchern und Interviews immer auch geht: In der Schule zurechtzukommen, sowohl vom Sozialverhalten als auch von der Leistung her, und im späteren Leben zurechtzukommen, ist ohne solides Fundament nicht möglich. Dieses Fundament ist eine entwickelte emotionale Psyche, die den Menschen für kognitive Lernprozesse überhaupt erst empfänglich macht.

Auch die Unis klagen – aus betrogenen Schülern werden betrogene Studenten

Zu guter Letzt möchte ich in diesem Kapitel noch kurz auf das eingehen, was nach dem so auffallend häufig mit Einser-Durchschnitt abgeschlossenen G8-Gymnasium in der Regel folgt: das Studium. Hier setzen sich die Probleme aus dem Kindergarten, der Grundschule und der weiterführenden Schule nämlich fort.

Universitätsdozenten berichten mir häufig verzweifelt, dass ihre Studenten offenbar kaum in der Lage sind, sich eigenständig auch nur den grundlegenden Stoff anzueignen. Dazu gibt es wenige offizielle Studien, doch immerhin hat sich 2012 an der Universität Bayreuth der Altphilologie-Professor Gerhard Wolf aufgemacht und seine Kollegen befragt, wie sie die Studierfähigkeit ihrer Studenten einschätzen. Die Studie wurde bislang nicht publiziert, aber immerhin erwähnt sie der *Spiegel* in seiner Titelgeschichte. Die Erkenntnisse, die der Professor zutage förderte, sind vernichtend und bestätigen auf der ganzen Linie die Vermutung, dass sich die Defizite, die sich bereits in Kindergärten und Grundschulen zeigen, über die weiterführenden Schulen bis ins Arbeitsleben und eben auch in die Universitäten fortsetzen.

Der *Spiegel* zitiert aus den Ergebnissen beispielsweise:

»Eine wachsende Gruppe von Studierenden ist den Anforderungen des von ihnen gewählten Studiengangs intellektuell nicht gewachsen.

Die mangelnde Studierfähigkeit zeigt sich vor allem in der stark unterentwickelten Fähigkeit, kompetent und souverän mit der deutschen Sprache umzugehen.

Schriftliche Arbeiten sind oft von einer erschreckenden Schwäche gekennzeichnet, eigene Gedanken auszudrücken oder Argumente vorzubringen.

Studierenden ist oft nicht klar, dass sie, um einen Text zu verstehen, zusätzliche Quellen (z.B. ein Lexikon) heranziehen müssen.«[15]

Im Interview mit dem *Spiegel* bringt Gerhard Wolf die Ergebnisse dann noch einmal auf den Punkt:

»Die Defizite liegen vor allem in der Sprach-, Lese- und Schreibkompetenz, das haben alle Kollegen genannt. Damit gemeint sind Rechtschreibung, Grammatik, Syntax, Interpunktion, der Umgang mit den Tempora und der Wortschatz. Beim Lesen erfassen viele die Aussage eines längeren Textes nicht. Beim Schreiben und Sprechen können viele Studenten ihre eigenen Gedanken und Argumente nicht richtig ausdrücken. Sie schreiben in Vorlesungen nicht einmal mehr mit. [...] Auch das Fachwissen geht zurück, und die Allgemeinbildung ist bei manchen Studenten ebenfalls erschreckend. Einige glauben, der Zweite Weltkrieg habe im 19. Jahrhundert stattgefunden. [...] Es ist deutlich zu sehen, wie Ausdrucksfähigkeit, Rechtschreibkompetenz, Textkenntnisse schlechter werden.«[16]

Bemerkenswert ist im weiteren Verlauf auch die Antwort Wolfs auf die erstaunte Frage der Interviewerin, ob angehende Lehrer nicht automatisch der deutschen Sprache mächtig sein sollten:

»Nicht unbedingt, die Mängel fallen mir da ebenfalls auf. Und da sich meist im Laufe der Studiums nur leichte Verbesserungen einstellen, entlassen wir Lehrer, die bei ihren Schülern nach meiner Schätzung maximal die Hälfte aller Fehler überhaupt noch erkennen können.«

Da schließt sich dann letztlich der Kreis. Angesichts der auch von mir hier beschriebenen Anforderungen, die zukünftig an Lehrer gestellt werden müssten, ist dieser Befund doppelt dramatisch. Heißt er doch nichts anderes als: Wenn wir alles so weiterlaufen lassen wie bisher, wird es irgendwann auch keine Lehrer mehr geben, die noch in der Lage sein werden, Schüler emotional nachreifen zu lassen, weil es diesen Lehrern selbst an der emotionalen Reife fehlt.

Wir haben es hier mit einem Teufelskreis zu tun, den im Moment noch kaum jemand zu sehen vermag. Diese Studenten, die heute ihren Professoren Kopfzerbrechen bereiten, waren zwölf oder dreizehn Jahre in der Schule, haben vielleicht wirklich guten Unterricht genossen, und trotzdem sind viele Lerninhalte aufgrund fehlender emotionaler und sozialer Reife an ihnen vorübergegangen.

Wege aus dem Teufelskreis

All die in diesem Kapitel angeführten Beispiele zeigen, dass die pädagogischen Konzepte im Kindergarten und in der Grundschule neu überdacht werden müssen, wenn wir den Kindern, die dort heute heranwachsen, helfen wollen, die Anforderungen zu bewältigen, die das Leben an sie stellen wird, sobald sie erwachsen sind.

Wir müssen uns, wenn wir diese Konzepte überdenken, grundsätzlich immer wieder klarmachen, dass die emotionale und soziale Entwicklung von Kindern kein Spielball von akademischen Theorien und Modellen sein darf. Sie darf auch nicht dazu gemacht werden, um ökonomischen oder ideologischen Forderungen Rechnung zu tragen. Genau hier liegt jedoch oft der Hund begraben. Scheinbar fortschrittliche pädagogische Konzepte reflektieren bei genauerem Hinsehen nur ökonomische Zwänge oder sollen ideologiegetriebene Grabenkämpfe für eine bestimmte Seite entscheiden. Dabei gerät vollkommen aus dem Blick, worum es eigentlich immer gehen sollte: Kinder als Kinder zu sehen, ihren Entwicklungsverlauf ernst zu nehmen und das Verhalten sowohl im Elternhaus als auch in öffentlichen Einrichtungen einzig und allein danach auszurichten, was Kinder brauchen, und nicht danach, was Erwachsene sich im akademischen Elfenbeinturm oder im politischen Debattierclub ausdenken.

Die Zeiten, und somit auch die Kinder, haben sich verändert, darauf müssen moderne pädagogische Konzepte eine Antwort bereithalten. Die Gesellschaft muss dringend erkennen, dass immer mehr Kindern bereits in Kindergarten und Grundschule die emotionale Entwicklung fehlt und die modernen Konzepte es nicht ermöglichen, dass die Kinder ihrem Alter entsprechend reifen. Je älter die Kinder werden, desto kleiner wird die Chance, dass ihre Psyche doch noch nachreift und ihre emotionale und soziale Kompetenz wächst. Das zeigt die enorme Bedeutung, die vor allem auch der Grundschule zukommt.

Diese ist in meinen Augen nicht vordergründig für die Lernvermittlung verantwortlich, sondern für die Gesamtentwicklung der Kinder. Es geht darum, zu lernen, wie man sich im Unterricht verhält, wie man lernt, wie man sozial miteinander umgeht. Das ist die Aufgabe, die heute zur reinen Wissensvermittlung dazukommt. Grundschullehrer haben immer schon das Kind in der emotionalen und sozialen Entwicklung gefördert, weil sie Kinder als Kinder gesehen und sie personenbezogen unterrichtet haben. Jetzt müsste diese Förderung noch verstärkt erfolgen.

Mut zum Ungehorsam: Warum Kindergärten und Schulen gut daran täten, nicht jeden Trend mitzumachen

Nun habe ich bereits einiges darüber gesagt, wie es um die Zusammenhänge zwischen der fehlenden emotionalen und sozialen Kompetenz von Kindern und dem Alltag in Kindergärten und Schulen bestellt ist. Allerdings nützen all diese Erkenntnisse wenig, wenn sich nichts an der Ausgangssituation ändert. Veränderungen ergeben sich jedoch häufig erst durch den Mut zum Ungehorsam.

In der Tat ist die Tendenz im Bereich der psychischen Entwicklung von Kindern und Jugendlichen bereits so negativ, dass an vielen Stellen kleine Revolutionen notwendig wären, um zu nachhaltigen Verbesserungen zu kommen. Das mag im ersten Moment etwas dramatisch und martialisch klingen, als wollte ich aus Lehrern und Erzieherinnen lauter Revoluzzer machen. Nein, diese Revolution müsste nicht im Kleinen, sondern auf breiter bildungspolitischer und bildungspraktischer Ebene stattfinden, also sowohl in Ministerien und Unis als auch an den Schulen selbst. Dennoch ist es unerlässlich, dass auch jeder Lehrer, jede Erzieherin sich überlegt, was sie in ihrer täglichen Arbeit mit den Kindern und Jugendlichen verändern können, um diesen

Gelegenheit zu geben, sich mehr ihrem Alter entsprechend zu entwickeln, als es zurzeit möglich ist.

Natürlich kann nicht die einzelne Erzieherin das Konzept ihres Kindergartens eigenmächtig verändern oder dieses schlicht ignorieren. Auch kein Lehrer, keine Lehrerin kann den Unterricht vollkommen frei nach eigenem Gutdünken gestalten. Aber allein das Wissen um die Hintergründe, warum viele Kinder so sind, wie sie sind, kann helfen, dass sich Pädagogen in einzelnen Situationen anders und angemessener verhalten.

Darüber hinaus jedoch müssen alle, die mit Kindern und Jugendlichen zu tun haben, über grundlegende Fehler im System sprechen. Zu mir kommen Erzieherinnen und auch Lehrer, die mir berichten, dass sie von ihrem Arbeitgeber beziehungsweise Dienstherrn gar nicht mehr gefragt werden, welche Notwendigkeiten in der täglichen Arbeit sie sehen. Und dabei sind sie doch diejenigen, die die jungen Menschen jeden Tag mehrere Stunden vor sich haben und genau erkennen, wo die Probleme liegen.

In immer stärkerem Maße wird Erzieherinnen und Lehrern von oben ein Handlungskonzept übergestülpt, mit dem sie wohl oder übel zurechtkommen müssen. So ist mir beispielsweise von Elternabenden berichtet worden, bei denen Lehrer Kritik am System der jahrgangsübergreifenden Eingangsstufe äußern wollten. Der Direktor der Schule, der ebenfalls anwesend war, wies sie jedoch barsch zurecht und erklärte rundheraus, diese Kritik sei hier nicht erwünscht. Er folgte damit den ideologisch geprägten bildungspolitischen Strömungen unserer Zeit.

Ideologie spielt in diesem Bereich leider seit jeher eine

große Rolle, und es scheint immer schlimmer zu werden. Man erkennt es besonders gut, wenn Landtagswahlen stattgefunden haben. Wechselt die Regierungsfarbe, geht damit meist auch ein erheblicher Wechsel in den bildungspolitischen Vorstellungen und Handlungsanweisungen einher. Diese orientieren sich allerdings in den seltensten Fällen an dem, was Kinder brauchen (auch wenn die verantwortlichen Politiker genau das natürlich immer behaupten), sondern an dem, was Erwachsene wollen, sprich: was politisch gewollt ist. Bildungspolitiker übertragen dann schöne Vorstellungen einer »freien« Gesellschaft unreflektiert auf das Bildungswesen, weil auch sie Kinder als kleine Erwachsene sehen. Das Ergebnis sind offene Konzepte wie die Lerntheke oder »Lesen durch Schreiben«, in denen diese Kinder schlicht und ergreifend verloren gehen.

Kritik an solchen Konzepten gilt dann häufig als rückständig, autoritär, schlimmstenfalls als reaktionär und wird mit diesen Argumenten mundtot gemacht, damit Politik und Wissenschaft sich ihr nicht stellen müssen. So jedenfalls ist häufig meine Erfahrung. Wenn ich auf Fehlentwicklungen aufmerksam mache und die in Deutschland derzeit praktizierten pädagogischen Konzepte hinterfrage, erlebe ich immer wieder, dass diese Kritik als rückwärtsgewandt abgetan wird. Dabei möchte ich mit meiner Kritik niemandem Vorwürfe machen, sondern auf Fehlentwicklungen hinweisen und dazu beitragen, die Situation signifikant zu verbessern.

Ich habe für alles Verständnis, selbst wenn ich kritisiere. Ich habe Verständnis für Eltern, die überfordert sind und sich dadurch unbewusst ihrem Kind gegenüber falsch verhalten. Ich habe Verständnis für Erzieherinnen und Lehrer, die in ihren Kindergärten und Schulen vielen Zwängen unterliegen und dadurch Dinge tun, die aus meiner Sicht für die emotionale Entwicklung der Kinder fatal sind.

Wofür ich jedoch keinerlei Verständnis aufbringen kann, sind Politiker, die mit ideologischen Scheuklappen durch die Gegend laufen und jede Meinung vom Tisch wischen, die nicht in ihr vorgefasstes politisches Konzept passt. Natürlich trifft das, wie immer, nicht auf alle Politiker zu, natürlich gibt es löbliche Ausnahmen. Ich habe in den letzten Jahren viele Gespräche mit Politikern geführt und dabei immer wieder auch Verständnis und Handlungswillen gespürt. Allein – eine wirklich einschneidende Änderung im bildungspolitischen Willen über Fraktions- und Parteigrenzen hinweg verspüre ich bisher nirgends.

Neben der Ideologie spielt auch die Ökonomie eine Rolle. Und zwar in zweierlei Hinsicht. Zum einen gibt es zumindest in Kindergärten ökonomisch geprägte Sorgen beim Personal, die für Zurückhaltung in Sachen Veränderungswillen sorgen, zum anderen haben offene Kindergartenkonzepte zum Teil Vorteile hinsichtlich der Personal- und damit auch der Finanzplanung einer Einrichtung.

Was die wirtschaftlichen Sorgen der Erzieherinnen in den Kindergärten angeht: Viele von ihnen haben befristete Verträge und hoffen in regelmäßigen Abständen auf Verlängerung derselben. Offen Kritik am Arbeitgeber zu üben, macht sich da gar nicht gut, es sei denn, es gibt in der Einrichtung eine entwickelte Diskussionskultur, was allerdings, so meine Erfahrung, eher selten der Fall ist. Nur im persönlichen Gespräch mit Erzieherinnen höre ich oft Sätze wie diesen: »Ich finde vieles von dem, was Sie in Ihren Büchern schreiben, richtig, und beobachte das auch in dem Kindergarten, in dem ich arbeite. Aber ich traue mich nicht, das offen zu sagen, weil ich Nachteile befürchte.« Viele halten also lieber den Mund, statt sich zu äußern und damit eventuell jemandem auf die Füße zu treten. Für mich ist es immer wieder erschreckend, zu sehen, was für eine Kultur der Angst sich in manchen Einrichtungen entwickelt hat.

Hinsichtlich des Kindergartens selbst und seines Konzepts gibt es mehrere ökonomische Gründe für falsches Handeln. So arbeiten wie gesagt viele Erzieherinnen in Kindergärten nur noch in Teilzeit. Das hat zum einen finanzielle Gründe, ist aber darüber hinaus auch politisch gewollt: So entstehen Arbeitsplätze für Mütter.

Es ist nicht meine Aufgabe als Kinderpsychiater, diesen politischen Willen und die ökonomischen Notwendigkeiten von Kindergärten zu kritisieren. Allerdings beobachte ich in meiner Praxis die Folgen: Die steigende Anzahl von nicht so häufig anwesenden Teilzeitkräften führt dazu, dass die Kinder im Kindergarten einem ständigen Personalwechsel ausgesetzt sind. Sie haben also keine konstanten Bezugspersonen, müssen vielmehr ständig neue beziehungsweise andere Gesichter verkraften. Das verunsichert sie. Hinzu kommt, dass häufig Praktikanten fehlendes Personal ersetzen und damit in die Rolle von vollwertigen Arbeitskräften schlüpfen müssen. Für die Kinder wird die Orientierung durch diese zusätzlichen Gesichter nicht einfacher.

Aus Sicht der Einrichtungen selbst liegt ein offenes Konzept nicht nur pädagogisch im Trend, sondern hat auch handfeste ökonomische Vorteile. Je offener das Konzept, das heißt, je stärker man eine organisatorische Form wählt, in der die Kinder sich weitgehend frei bewegen sollen, desto weniger muss der Kindergarten im Bereich der Mitarbeiter Konstanz herstellen. Je weniger die Erzieherin in der Beziehung zum Kind ist, je weniger sie die Kinder also an sich als Person bindet, desto leichter ist sie austauschbar.

Wir sehen hier eine sehr ungesunde Gemengelage aus ökonomischen und pädagogischen Gründen für gegenwärtige Konzepte in den Kindergärten. Bei genauerem Hinschauen erkennt man schnell, wie wenig dabei die fehlende Entwicklung der emotionalen und sozialen Psyche der Kinder im Mittelpunkt steht und wie wenig Wertschätzung gleichzeitig das pädagogische Personal genießt. Gut ausgebildete Erzieherinnen sind in den offenen Konzepten im Grunde verzichtbar. Aus kinderpsychologischer Sicht ist es jedoch, wie ich bereits mehrfach dargelegt habe, unerlässlich, dass im Kindergarten die Beziehungsarbeit im Vordergrund steht: dieselbe Gruppe, konstante Bezugspersonen, gleiche Abläufe, liebevolles Anleiten und Begleiten der Kinder.

Erst das Zusammenspiel all dieser Faktoren ermöglicht die Bildung und Förderung der emotionalen und sozialen Psyche unserer Kinder. Fehlen diese Faktoren, so kommt das immer mehr einem »Sich-selbst-Überlassen« des Kindes gleich, unter dem Deckmäntelchen der »offenen Konzepte«. Fachlich gesehen gehen diese Ansätze immer mehr in Richtung »Verwahren« und nicht mehr in Richtung Fördern und Entwickeln, da das sich entwickelnde Kind kein klares Gegenüber mehr als Bezugsperson hat, das ihm Konstanz, Halt und Sicherheit gibt. Wenn man das konsequent weiterdenkt, sind wir damit auf dem besten Wege, lauter Narzissten, Egoisten und Einzelgänger zu schaffen.

Ungehorsam ist also notwendig. Es muss sich Protest regen gegen eine komplett falsche Richtung im Bildungssystem, denn sie bringt nach und nach eine Generation von Erwachsenen hervor, die sozial und emotional auf dem Stand von Kleinkindern sind. Um diesen Protest auf breiter Basis ins Rollen zu bringen, ist jedoch das Verständnis der Hintergründe, die ich beschreibe, wichtig. Nur wenn die Verantwortlichen in den Bildungseinrichtungen und die verantwortlichen Politiker verstehen, dass der Ansatzpunkt für einen wirkungsvollen Wandel im Bildungssystem in der kindlichen Psyche und nicht in pädagogischen Modellen liegt, wird es auch möglich sein, die Situation in Kindergärten und auch an den Schulen nachhaltig positiv zu verändern.

Der erste Schritt ist der, dass die Verantwortlichen sich eingestehen, dass die herkömmlichen Systeme im Bildungswesen seit geraumer Zeit versagen, genauso wie Lehrerbemühungen wirkungslos verpuffen. Diese Erkenntnis ist, so jedenfalls mein Eindruck aus vielen Begegnungen und Gesprächen, bei sehr vielen Lehrern auf der individuellen Ebene längst vorhanden. Sie stehen vor ihren Klassen, spüren, dass etwas falsch läuft, und erfahren dadurch in ihrem Beruf zunehmend Frustration. Und das, obwohl der Beruf des Lehrers einem Menschen eigentlich auch im persönlichen Bereich sehr viel geben kann. Ich sage »eigentlich« – weil es überwiegend nicht mehr der Fall ist. Aufgrund der fehlenden emotionalen und sozialen Entwicklung der Kinder und Jugendlichen sind die Systeme Kindergarten und

Schule mit immer mehr Kindern genauso überfordert wie die Kinder mit den Systemen. Das ist neu und das Ergebnis einer sich schnell verändernden und auch die Erwachsenen überfordernden Gesellschaft. Diese Tatsache müssen wir sehen und erkennen, nur dann können wir etwas ändern und unseren Kindern helfen.

Ankommen muss dieses Eingeständnis jedoch auf der politischen Ebene, auf der die richtungsweisenden Entscheidungen getroffen werden. Lehrerkollegien müssten ihre Probleme mit den Schülern geschlossen deutlich machen und artikulieren, Schulleitungen müssten reagieren und den Protest in der Bildungspolitik sicht- beziehungsweise hörbar machen. Und die für die Bildungspolitik zuständigen Politiker müssten endlich den Mut haben, sich überparteilich zu organisieren und jenseits aller Ideologie genau darauf zu schauen, was die Kinder brauchen, um sich gut zu entwickeln. Es darf den verantwortlichen Politikern nicht länger nur darum gehen, was Erwachsene (und in dem Fall auch Wähler) aus den unterschiedlichsten Gründen wollen.

Dieses Forcieren der Aufmerksamkeit in der Politik ist nur ein kleiner Aspekt, denn natürlich mahlen die Mühlen der Politik langsam. Es bringt daher nichts, weiter abzuwarten und zu hoffen, dass plötzlich eine schul-, stadt- und bundesländerübergreifende Initiative entsteht, die das Bildungssystem wirklich revolutioniert.

Wir, die Erwachsenen, sind gefordert, jeder Einzelne. Wir alle müssen hier und heute anfangen, im Kleinen Veränderungen herbeizuführen. Das beginnt bei den Eltern: Ich erlebe es in Beratungsgesprächen in meiner Praxis immer wieder, dass scheinbar hoffnungslos aus der Spur geratene Kinder in wenigen Beratungsgesprächen innerhalb von ein bis zwei Jahren mit den Eltern komplett nachreifen. Sie kommen nach der Korrektur der Beziehungsebene – die Eltern werden im ersten Schritt in die Lage versetzt, die symbiotische Beziehung aufzuheben – durch die fachliche Anleitung der Eltern auf den Entwicklungsstand ihres Alters und können wieder ein alle Beteiligten zufriedenstellendes Leben führen, sowohl in der Familie als auch in der Schule.

Diese Erfahrung macht mir immer wieder Mut, zeigt sie doch, dass Veränderung möglich ist. Das ist auch gar kein Wunder, denn man kann es nicht oft genug sagen: Diese Kinder sind nicht krank. Sie sind lediglich entwicklungsverzögert, und diese Verzögerung können sie aufholen. Je jünger die Kinder sind, desto einfacher gelingt das.

Wir brauchen die Schulrevolution!

Wir müssen umdenken. Kindergarten und Schule müssen sich zu den zentralen Orten entwickeln, an denen Entwicklung und Nachreifung möglich ist. Dafür sind verschiedene Voraussetzungen notwendig, die ich hier beschreiben möchte.

Zunächst einmal müssen wir den Befund akzeptieren: Heute kommen aus den Familien nicht mehr überwiegend altersgemäß entwickelte Kinder in die Kindergärten und Schulen, das Gegenteil ist der Fall. Wir müssen verstehen, dass diese scheinbar unerzogenen, unwilligen oder leistungsverweigernden Kinder in Wirklichkeit Kinder mit Entwicklungsverzögerungen im Bereich der emotionalen Psyche sind. Wer diesen Befund versteht und akzeptiert, dem fällt es leichter, eine im Vergleich zum momentanen Zustand neue, veränderte Rolle von Kindergarten und Schule zu fordern und entsprechend zu definieren.

Erzieherinnen und Lehrer müssen in ihrer Ausbildung neben dem pädagogischen Rüstzeug tiefgehende Kenntnisse in der Entwicklungspsychologie vermittelt bekommen. Dann sind sie in der Lage, wirklich zu verstehen, wie sich die menschliche Psyche im Kindes- und Jugendalter bildet und welche Umstände dazu beitragen, diese Entwicklung zu befördern oder zu behindern.

Ich halte außerdem die verpflichtende Einführung eines Vorschuljahres für unerlässlich. Meine Vorstellungen von vorschulischer Arbeit sehen etwa so aus: Hier müsste es ganz konkret darum gehen, dass auf der Basis entwicklungspsychologischen Wissens die emotionale und soziale Kompetenz von Kindern gestärkt wird. In diesem Vorschuljahr müssten die Lehrer so arbeiten, dass eine homogene Gruppe von etwa acht bis zwölf Kindern in die Grundschule übergeht, mit der der Grundschullehrer vom ersten Tag an wirklich Unterricht machen kann, weil die grundsätzlichen Abläufe in der Klasse funktionieren. Die Schüler würden in diesem Vorschuljahr also nicht dazu erzogen, sich angemessen zu verhalten, sondern sie bekämen die Gelegenheit, sich altersgemäß zu entwickeln. Wenn diese Entwicklung vorhanden ist, verhalten sie sich automatisch angemessen.

Bisher muss diese Leistung wie bereits gesagt von den Lehrern im ersten Schuljahr zusätzlich erbracht werden. Manche Schulen und Lehrer sehen das durchaus, und sie erzielen dadurch Erfolge, dass sie sich ernsthaft Gedanken darüber machen, wie sie entgegen den herrschenden pädagogischen Konzepten ihre Klasse in die Lage versetzen, dem Unterricht effektiv zu folgen.

Ich möchte das anhand eines Beispiels erläutern, das auch vor dem Hintergrund der derzeitigen Diskussion über Inklusion interessant ist, denn es handelt sich hier um eine sogenannte Integrationsklasse, in der bereits auffällige Kinder mit unterrichtet werden. Der Direktor dieser Grundschule berichtet in einer Mail:

> »Die Klassenstärke lag beim Schuleintritt vor zwei Jahren bei etwas mehr als zwanzig Kindern. Die Klassenlehrerin erhielt damals intensive Unterstützung durch einen Sonderpädagogen. Auffällig waren in der Klasse allerdings bei Weitem nicht nur die Kinder mit sonderpädagogischem Förderbedarf.
>
> Ein großer Teil der Kinder der damaligen 1a war über einen längeren Zeitraum zunächst nicht in der Lage, dem Unterricht zu folgen oder Arbeitsaufträge angemessen auszuführen. Auch kam es zu vielen Unterrichtsstörungen durch verschiedene Kinder, in diesem Fall hauptsächlich Jungen. Um der Klasse besser gerecht werden zu können, teilten wir sie in den Kernfächern Mathematik und Deutsch in zwei gleich große Gruppen. Im Fach Deutsch war die Hälfte der Kinder etwa nach den Herbstferien in der Lage, zunehmend selbstständig ihre Aufgaben zu bearbeiten. Die zweite Gruppe wurde im Verlauf des ersten Schuljahres immer kleiner, da es auch hier immer mehr Kinder schafften, bei immer gleichen Abläufen, ihre Aufgaben

zunehmend selbstständig, ohne immer wiederkehrende Erklärungen, zu bearbeiten. Den Kindern, denen dies nicht gelang, konnte durch die Doppelbesetzung weiterhin geholfen werden. In Mathematik wurde die Klasse in zwei unterschiedliche Leistungsgruppen unterteilt. Die eine Hälfte hatte eine langsamere und geringere Auffassungsgabe im mathematischen Bereich, die andere Gruppe konnte schneller und auf höherem Niveau arbeiten. Auch in Mathematik wurde die schwächere Gruppe mit der Zeit etwas kleiner und hatte dadurch eine intensivere Betreuung.

In den Zeiten, in denen die Klasse geteilt war, waren Unterrichtsstörungen stark reduziert. Probleme bereiteten die restlichen Stunden, die zum größten Teil auch ohne Doppelbesetzung stattfanden. Hier reagierten wir unter anderem mit einer entsprechenden Sitzordnung, bei der die Jungen, die zu störendem Verhalten neigten, möglichst weit auseinandergesetzt wurden und Einzeltische bekamen. Da diese Kinder auch andere Kinder ablenkten, kamen wir im Laufe des Schuljahres zu dem Schluss, alle Kinder so zu setzen, dass sie sich nicht mehr während intensiver Arbeitsphasen anschauen konnten. Auch bekamen einzelne Kinder einen Verhaltensplan, der mit den Eltern abgesprochen war und eine tägliche Rückmeldung beinhaltete. Diese Maßnahmen, eine geringe Toleranz gegenüber Störungen und ein enger Kontakt mit häufigen Elterngesprächen führte dazu, dass mit der Zeit ein ertragreiches Arbeiten in der Klasse möglich wurde.«

Das ist ein schönes Beispiel, wie ein Anfang mit »Bordmitteln« möglich ist, wenn Lehrer sich intensiv Gedanken machen und sich nicht von der Forderung nach scheinbar »freien« Arbeitsweisen verrückt machen lassen. Die Lehrer an dieser Schule setzten im ersten Schritt über einen auf den Lehrer zentrierten Unterricht auf Klarheit und Struktur für die Schüler. Dieses »Konzept« ist sehr gut geeignet, um die Kinder nicht noch weiter zu verwirren. Die Lehrer beziehen in diesem Beispiel die Kinder stark auf sich. Der einzelne Lehrer signalisiert ihnen immer wieder: »Hallo, hier bin ich, ich bin deine Orientierung, ich gebe dir Halt, leite dich an und begleite dich liebevoll.« Dieses konsequente Anleiten und Begleiten sorgt schließlich für eine psychische Entwicklung und entsprechend der Entwicklungspyramide für Schulfähigkeit im richtigen Alter.

Solch gute Grundschularbeit entließe natürlich den Kindergarten nicht aus der Verantwortung. Auch die Arbeit im Kindergarten müsste sich sehr viel stärker an der Beziehung zwischen Erzieherinnen und Kindern orientieren. Deshalb gehören im Grunde genommen sämtliche derzeit kursierenden Konzepte offener Arbeit und angebotsorientierter Pädagogik zumindest auf den Prüfstand. Der grundsätzlich richtige Partizipationsgedanke in der frühkindlichen Pädagogik darf keine heilige Kuh sein, sondern muss letztlich in jedem Einzelfall auf seine Wirkung auf die Kinder untersucht und somit hinterfragt werden. Partizipation, richtig verstanden, hat nämlich nichts mit dem Konzept »Kind als Partner« zu tun, sondern zielt darauf ab, Kindern Unterentscheidungen zu ermöglichen. Das bedeutet beispielsweise: Die Erzieherinnen entscheiden, dass draußen gespielt wird, die Kinder dürfen aber mitbestimmen, welche Spiele gespielt werden.

Weitere Forderungen sind: mehr gut ausgebildetes Personal, kleinere Gruppen, konstante Bezugspersonen, Beziehungsarbeit im Vordergrund sowie die Erweiterung der Ausbildung um das heute wichtigste Thema, die Entwicklung der emotionalen und sozialen Psyche.

Neues Bewusstsein für ein neues Sein

Die angesprochenen Änderungen in Kindergärten und Schulen erfordern nicht nur mehr Personal, sie können auch nur umgesetzt werden, wenn sich bei Erzieherinnen und Lehrern ein neues Bewusstsein ihres Berufs bildet und die Politik es ihnen ermöglicht, danach zu handeln. Bereits während der Ausbildung muss deshalb vermittelt werden, dass Pädagogen in Kindergärten und Schulen »Entwicklungshelfer« sein müssen. Nur so kann die Verantwortung für die emotionale Entwicklung der Kinder dort verbleiben, wo sie auch tatsächlich hingehört: in Kindergärten und Schulen. Erzieherinnen und Lehrer müssen sich mit dieser neuen und so wichtigen Aufgabe vollkommen identifizieren. Nur dann widerstehen sie der ständigen Versuchung, die Verantwortung entweder an die Eltern zurückzugeben, deren Überlastung wie bereits beschrieben hinter der Nichtentwicklung ihrer Kinder steht, oder die Probleme mit den Kindern an Therapeuten zu delegieren.

Eine solch weitreichende Identifikation, wie ich sie fordere, kann man natürlich nur dann verlangen, wenn die organisatorischen Voraussetzungen dafür vorhanden sind, damit Erzieherinnen und Lehrer diese Leistungen erbringen können. Hier ist einerseits die Gesellschaft, andererseits aber vor allem die Politik gefragt. Es muss künftig erklärter politischer Wille sein, dass Kinder wieder Kinder sein können, und diese Möglichkeit müssen sie während ihrer Entwicklungsphase auch tatsächlich haben. Dafür müssen Schulen und Kindergärten personell wie räumlich ausreichend ausgestattet sein. Zudem sollten Politiker stärker den Praktikern an den Bildungseinrichtungen zuhören und sich die Probleme schildern lassen, anstatt Studie um Studie in Auftrag zu geben, in der man sich die Zahlen dann so zurechtbiegt, wie es ins jeweilige (partei-)politische Programm passt.

Wie die Realität derzeit vielfach aussieht, schrieb mir kürzlich der Leiter einer Grundschule in Nordrhein-Westfalen:

> »Ich befürchte, dass der Lehrernachwuchs in Zukunft deutlich geringer werden wird, wenn sich bei den jungen Leuten herumgesprochen hat, was sie in der Schule erwartet und dass sie vonseiten der Landesregierung eher keine Hilfe erwarten können. Im Zweifelsfall steht die Regierung aufseiten der Eltern, die man als Wähler benötigt und darum keinesfalls verprellen wird. Durch die überstürzte Einführung der Inklusion wird unsere Arbeit sicherlich nicht einfacher. Wir leisten diese Inklusion selbstverständlich möglichst kostenneutral.
>
> Interessant ist auch, wie man auf die steigende An-

zahl gemeldeter Kinder mit emotional-sozialer Störung reagiert hat: Es könne nicht sein, dass es so viele Kinder mit dieser Störung gibt. Man nimmt daher die Anträge [auf Sonderbeschulung] gar nicht erst an und hat damit die Anzahl vorerst einmal halbiert! Dieses Vorgehen zeigt, dass man die wachsenden Probleme nicht wahrhaben will. Würde man sie akzeptieren, hätte das weitreichende unangenehme Konsequenzen. Ein blauer Fleck bei einem Kind löst hektische Reaktionen bis hin zu juristischen Verfahren aus, während viel schwerwiegendere Fehlverhaltensweisen von Eltern keine Konsequenzen nach sich ziehen. Ich fasse den Begriff ›Kindeswohlgefährdung‹ inzwischen viel, viel weiter als früher. Leider sind nicht nur die Kinder davon betroffen, sondern inzwischen die Gesamtgesellschaft.«

Das geradezu fahrlässige Verhalten der Politik, das dieser Grundschulleiter so deutlich beim Namen nennt, ist ein Riesenproblem, von dem mir unzählige Lehrer und Schulleiter berichten. Ich kann deshalb nur dazu raten, jedem einzelnen Politiker, bei dem eine andere Einstellung bemerkbar ist, die hier beschriebenen Dinge deutlich zu machen und Unterstützung einzufordern. Das ist ein unendlich mühseliges, aber unbedingt notwendiges Unterfangen. Je nachdrücklicher die Forderungen seitens der Pädagogen, desto größer wird die Chance sein, dass man sie anhört und entsprechende Maßnahmen einleitet.

Hoffnung besteht

Eines möchte ich an dieser Stelle betonen: Ich rede mit diesem Buch, wie auch mit den vorangegangenen, keineswegs einem hoffnungslosen Gesellschaftspessimismus das Wort. Mein Standpunkt ist auch kein »Früher war alles besser«, kein »Die Jugend von heute...«-Gezetere, wie mir Diskussionsteilnehmer schon mal vorwerfen, wenn ihnen keine Argumente gegen meine Ausführungen mehr einfallen.

All meine Forderungen, all meine Hinweise auf negative und scheinbar hoffnungslose Entwicklungen sollen einzig und allein dazu dienen, die aktuelle Situation zu verbessern. Denn noch ist es dafür nicht zu spät, es besteht immer noch Hoffnung.

Es ist meine tiefe innere Überzeugung, dass es einen anderen Weg gibt. Dieser Weg ermöglicht es Kindern, eine emotionale Entwicklung zu durchlaufen, die sie zu zufriedenen und sozial kompetenten Erwachsenen macht. Kinder sind die Zukunft, sagt man zu Recht. Deshalb sollten wir alles daransetzen, dass sie eine Zukunft haben, in der sie eine Chance auf befriedigende Arbeit und befriedigende zwischenmenschliche Beziehungen haben. Momentan haben viele Kinder diese Chance eher nicht.

Verantwortlich dafür, dass Kinder diese Chance bekommen, sind wir alle als Gesellschaft. Dazu müssen wir verstehen, dass die Entwicklung der emotionalen und sozialen Psyche bei Kindern an allererster Stelle stehen muss, erst danach kommen Fertigkeiten wie Lesen, Schreiben und Rechnen.

Ich bekomme viele Briefe und Mails von Erzieherinnen

und Lehrern, die mir zeigen, dass das berufliche Selbstverständnis von Pädagogen sich noch nicht komplett gewandelt hat. Hier ist unbedingt anzusetzen: Lehrer und Erzieherinnen brauchen Rückhalt, sowohl von der Politik als auch aus der Elternschaft.

Epilog. Oder: Was zu tun ist

Ich möchte dieses Buch mit einer kleinen Zusammenfassung der Lage und einem ganz bestimmten Beispiel beschließen. Dieses Beispiel ist etwas außergewöhnlich, zeigt aber in sehr konzentrierter Form, welche Änderung im Denken sich meines Erachtens vor allem im schulischen Bereich einstellen muss.

Fakt ist, dass es immer mehr Kinder gibt, die gravierende Störungen im Lern-, Leistungs- und Sozialverhalten zeigen. Darüber hinaus haben wir immer mehr Heranwachsende, die nicht in der Lage sind, arbeiten zu gehen, weil ihre psychische Entwicklung es ihnen nicht gestattet. Wenn wir also nicht wollen, dass wir immer mehr Egoisten, Narzissten sowie beziehungsunfähige und lustorientierte Egoisten in unserer Gesellschaft haben, müssen wir sehr schnell aufwachen und gegensteuern.

Das zentrale Problem dabei sind aber nicht die Kinder, sondern wir Erwachsenen. Wir verkraften die gesellschaftlichen Veränderungen seit Anfang/Mitte der Neunzigerjahre nicht mehr. Dadurch gerät ein funktionierendes gesellschaftliches System aus dem Gefüge. Immer mehr Eltern lassen sich im Rahmen einer Symbiose, in die sie unbewusst geraten sind, vom Kind steuern. Auch immer mehr Großeltern verhalten sich gegenüber ihren Enkeln nicht mehr angemessen. Sie wollen als Kompensation für die überfordernde gesellschaftliche Situation unbedingt von den Enkelkindern geliebt werden. Das führt dazu, dass sie die Enkelkinder übermäßig verwöhnen und teilweise sogar die Erziehungsbemühungen der Eltern unterlaufen.

In der Beziehungsstörung kompensieren Erwachsene ihre Defizite über die Psyche der Kinder. Diese Kompensation versetzt sie letztlich in die Lage, mit dem Druck, der auf ihnen lastet, umgehen zu können. Wir Erwachsenen kommen dann weiterhin mit dem Leben klar, aber die Kinder können sich nicht entwickeln, weil es ihnen am erwachsenen Gegenüber fehlt. Immer mehr Kindergartenkonzepte sind weitgehend offen und frei. Selbst Kinder, die bis dahin eine altersgemäße psychische Entwicklung hinter sich haben, erfahren im Kindergarten keine ihrem Alter entsprechende Förderung mehr. Sie sind in weiten Teilen sich selbst überlassen, scheinen für ihre weitere Entwicklung somit auch selbst verantwortlich.

Auf dem Boden ideologisch geprägter Vorstellungen werden nicht in Langzeitstudien untersuchte Konzepte auf Kinder in der Grundschule übertragen. Man behandelt sie aus meiner Sicht wie kleine Erwachsene, die selbstverantwortlich und selbstbestimmend lernen sollen. Der Schwerpunkt der schulischen Arbeit liegt auf Lernkonzepten und Lernergebnissen. Dabei haben immer mehr Lehrer Kinder vor sich, die nicht in der Lage sind, Strukturen und Abläufe zu erkennen. Sie können auch ihr Gegenüber, also Lehrer und Erzieher, nicht erkennen und steuern diese permanent.

Der Grund dafür liegt in den Familien. Immer mehr Erwachsene laufen ständig auf Hochtouren und leben nur noch im Moment. Sie denken nicht mehr an morgen oder an übermorgen. Die Leidtragenden sind die Kinder.

Das ist die Situation, und wir müssen und können umgehend gegensteuern. Zunächst einmal müssen Eltern wieder zur Ruhe finden, über ihre Intuition verfügen und ihr Kind wieder als Kind sehen. Das wäre die beste Möglichkeit, um eine altersgemäße soziale und emotionale Entwicklung der Kinder zu gewährleisten. Genauso wünschenswert ist es, dass Großeltern wieder Großeltern sind, ihre Enkel angemessen fördern und nicht unvernünftig überverwöhnen.

In jedem Fall geht es in Bezug auf die Kinder immer um ein entscheidendes Puzzleteil: die Entwicklung ihrer emotionalen und sozialen Psyche. Da leider immer weniger Kinder im Rahmen der Familie eine angemessene psychische Entwicklung durchlaufen können, müssen die Institutionen Kindergarten und Schule dafür Sorge tragen, den Kindern ins Leben zu helfen.

Dabei müssen Lehrer und Erzieher erkennen, dass sie keine frechen, verweigernden beziehungsweise erkrankten oder nicht erzogenen Kinder vor sich haben, sondern Kinder, die sich nicht entwickelt haben, weil sie sich nicht entwickeln *konnten*. Wir alle – Pädagogen und Eltern – müssen das Kind als Ganzes sehen und nicht nur auf Lernen und Lernerfolge schauen. Diese Kinder brauchen erst eine altersgemäße psychische Entwicklung als Basis, um dann gut lernen zu wollen und zu können. Das ist die große Herausforderung, hier muss der Schwerpunkt zukünftiger pädagogischer Überlegungen liegen.

Unabhängig davon müssen Pädagogen sich auch selbst überprüfen, ob sie noch Kinder als Kinder sehen und als Pädagogen in sich ruhen.

Das englische Internat

An dieser Stelle möchte ich auf das eingangs angekündigte Beispiel zu sprechen kommen. Es zeigt, wie rasch selbst bei sechzehn- bis siebzehnjährigen Jugendlichen die Störung einer nicht entwickelten Psyche zu beheben ist, wenn ideale Voraussetzungen vorliegen.

Manche Jugendliche in diesem Alter, die zu mir in die Praxis kommen, weisen einen psychischen Entwicklungsstand von zehn bis sechzehn Monate alten Kleinkindern auf. Sie können sich nicht auf ihr Gegenüber einstellen, sondern steuern es permanent. Diese Jugendlichen besitzen keinerlei Körperspannung. Trotz Erziehung ist kein Unrechtsbewusstsein festzustellen, trotz bester Intelligenz erkennen sie keine Konfliktzusammenhänge und können somit auch nicht aus Konflikten lernen.

Die Betreffenden sind nicht expansiv, wie Jugendliche es normalerweise in diesem Alter sind, das heißt, sie zeigen keinerlei Tendenz, »etwas aus dem Leben zu machen«. Sie erkennen keine Strukturen und Abläufe, Empathie ist bei ihnen nicht vorhanden. Schule ist »Mist«, Lehrer sind »blöd«, Lernen ist es selbstverständlich auch.

Und nun komme ich zu dem Beispiel: Manche Familien sind in der Lage, ihre jugendlichen Kinder, die Störungen in der sozialen und emotionalen Entwicklung aufweisen, für einige Zeit nach England in ein Internat zu schicken. Was dort mit den Jugendlichen geschieht, ist frappierend: Zunächst machen sie die Erfahrung, dass es so etwas wie eine Sprachbarriere gibt. Das wiederum führt dazu, dass ihr narzisstisches Weltbild, ihre Überzeugung, sie könnten alles und jeden bestimmen und steuern, von Anfang an nicht funktioniert.

Ein Beispiel: Wenn ein Engländer sagt: »Deck bitte den Tisch«, müsste die typische Reaktion dieser Jugendlichen sein: »Ja, gleich, warum ausgerechnet ich?« Diese müsste jedoch erst einmal übersetzt werden. In dieser Zeit kümmert sich der Engländer aber schon um die nächsten Dinge und nimmt die Reaktion des Jugendlichen gar nicht ernst.

Das passiert permanent und hat sich als der entscheidende Faktor herausgestellt: Die Jugendlichen machen plötzlich die Erfahrung, dass sie nicht mehr alle und alles um sich herum steuern können und dass der Mensch nicht reagiert wie ein Gegenstand. Wichtig an diesem Beispiel ist, dass es nicht Strenge ist, die hier eine Veränderung in der Entwicklung des Jugendlichen bewirkt, sondern die Erfahrung, dass er aufgrund der Sprachbarriere seine Bezugsperson nicht mehr steuern kann.

Dazu kommt, dass an englischen Internaten nicht so eine starke individuelle Sicht vorherrscht wie in Deutschland. So gibt es Zwei- und Vierbettzimmer, der Jugendliche ist also ständig darauf angewiesen, sich auf andere einzustellen. Der Tag besteht überwiegend aus ritualisierten Abläufen mit vielen festen Zeiten für bestimmte Dinge, sodass ständige Orientierung herrscht.

Von ganz besonderer Bedeutung aber ist die Haltung der

Lehrer gegenüber ihren Schülern. Sie beziehen die Schüler sehr stark auf sich, viel stärker, als das in deutschen Schulen der Fall ist. Wenn etwa ein Schüler im Unterricht nicht mitmacht oder nicht richtig mitkommt, dann kümmert der Lehrer sich um diesen Schüler beispielsweise in der Pause noch einmal extra. Insgesamt werden die Schüler vom Lehrer sehr stark angeleitet, und das Regelwerk, das an der Schule existiert, wird vom Lehrer ohne Diskussion angewendet.

Bereits nach nur drei Monaten im Internat zeigen sich bei diesen Jugendlichen deutliche Veränderungen. Wenn ich sie wiedersehe, haben sie eine Körperspannung, nehmen also wahr, dass um sie herum etwas passiert. Wenn ich ihnen Fragen zum Internat stelle, können sie sich in mich einfühlen, also erkennen, dass ich dort noch nicht gewesen bin, und beantworten diese Fragen so, dass ich mir etwas darunter vorstellen kann. Die Lehrer werden nicht nur akzeptiert, sondern regelrecht begeistert angenommen. Auf meine Nachfrage, ob ihnen die Lehrer denn nicht zu streng gewesen sein, kommt die Antwort, es seien nicht die Lehrer, die streng seien, sondern es gebe ein strenges Regelwerk, und es sei gut, dass die Lehrer es so konsequent umsetzen.

Warum ist das Regelwerk so wichtig? Es schafft Klarheit und gibt Orientierung, die Beziehung zum Lehrer bleibt dadurch unbelastet. Wenn mir ein Polizist einen Strafzettel verpasst, so macht er das nicht aus Lust und Laune, sondern aufgrund der Straßenverkehrsordnung. In deutschen Schulen jedoch ist der Lehrer das Regelwerk. Bei dem einen sind die Regeln so, bei dem anderen wieder anders. In England wendet der Lehrer nur ein bestehendes Regelwerk an, so wie der Polizist die Straßenverkehrsordnung.

Nach sechs Monaten Aufenthalt in England ist die gesamte Störung behoben. Die Jugendlichen sind lernwillig, wissbegierig, haben eine gute Arbeitshaltung, eine Gewissensinstanz, weisen Empathie auf und denken zukunftsorientiert, indem sie genau beschreiben können, was sie werden wollen und wie sie leben wollen. Ihre emotionale und soziale Psyche befindet sich damit auf einem ihrem Alter entsprechenden Entwicklungsstand.

Natürlich kann man nicht jeden Jugendlichen nach England schicken, darum geht es mir auch gar nicht. Dieses Beispiel zeigt jedoch, wie schnell sich selbst Sechzehn- oder Siebzehnjährige entwickeln können, wenn die Umstände es erlauben. Man kann aus dem Beispiel lernen und einiges davon auf das System in Deutschland übertragen. England ist vor allem wegen der Sprachbarriere quasi eine Intensivmaßnahme, aber selbst hierzulande könnten im Bereich Kindergarten und Grundschule alle Kinder innerhalb von einem bis anderthalb Jahren auf den emotionalen Entwicklungsstand ihres Alters gebracht werden. Damit wären diese Kinder gerettet.

Alles in Liebe für die Kinder

All das kann nur wirken, wenn wir gesamtgesellschaftlich denken und die gesellschaftlichen Veränderungen als Hintergrund für die Nichtentwicklung unserer Kinder sehen. Die emotionale und soziale Kompetenz von Menschen ist der Kitt unserer Gesellschaft. Wenn sie verloren geht, bricht die Gesellschaft auseinander. Wir sollten deshalb in Liebe für unsere Kinder alles dafür tun, um dem Verlust dieser Kompetenz entgegenzuwirken. Entscheidend ist, dass wir die Situation ohne ideologische und ökonomische Scheuklappen betrachten und erkennen, woran es unserem System wirklich mangelt. Dann können wir beherzt Gegenmaßnahmen ergreifen.

Es sind unendlich viele kleine Punkte, an denen wir alle ansetzen können, um etwas für Kinderseelen zu tun, um Kinder emotional zu stärken und ihnen eine optimale Entwicklung zu ermöglichen. Etliche dieser Punkte habe ich in diesem und auch schon in den vorangegangenen Büchern beschrieben und freue mich jedes Mal, wenn ich merke, dass sich immerhin im Kleinen schon etwas ändert, weil Eltern und Pädagogen Mut gefasst haben, ihr Verhalten kritisch zu überprüfen und Veränderungen anzugehen und zuzulassen. Auf breiter Front ist die Kuh noch lange nicht vom Eis, aber große Veränderungen beginnen ja oft in kleinen Schritten.

Von den Tyrannen zur emotionalen Intelligenz – Was ich mit meinen Büchern bezwecke

Vor mittlerweile fast sieben Jahren entschloss ich mich, die Erkenntnisse, die ich aus meiner täglichen therapeutischen Arbeit mit Familien gewonnen habe, in Buchform zu publizieren. Zu drängend war meiner Ansicht nach die Problematik geworden, vor der die Gesellschaft stand, ohne es richtig zu realisieren. Oder besser gesagt: ohne es richtig realisieren zu können, weil ihr das Handwerkszeug dazu fehlte.

Seit achtundzwanzig Jahren arbeite ich als Psychiater mit Kindern und Jugendlichen, die sich zu Hause oder in der Schule auffällig verhalten. Der Hintergrund dieser Auffälligkeiten hat sich aus meiner tiefenpsychologischen Sicht völlig verändert: Hingen sie früher mit der Kindheit der Eltern oder der gemeinsamen Lebensgeschichte der Eltern mit dem Kind zusammen, so sind seit Mitte der Neunzigerjahre gesellschaftliche Veränderungen die Ursache. Diese wirken sich ungünstig auf die Erwachsenen und damit indirekt auf die Kinder aus. Immer mehr Kinder und Jugendliche haben somit keine Chance, sich in ihrer Psyche altersgemäß zu entwickeln.

Der Istzustand

Tatsächlich begegnen mir in der Praxis tagtäglich überwiegend sehr gut erzogene Kinder mit Eltern, die diese Kinder lieben und erziehen. Umso deutlicher ist der scheinbare Widerspruch, der darin liegt, dass diese Kinder trotzdem verhaltensauffällig sind und zu Hause oder in der Schule nicht zurechtkommen. Erst die Erkenntnis, dass neue Störungsbilder im Zusammenhang mit unbewussten Beziehungsstörungen der Erwachsenen die Ursache sind, macht die Hintergründe verständlich.

Da immer mehr Kinder und Jugendliche von dem Phänomen der Entwicklungsstörungen betroffen sind, habe ich mich entschlossen, meine Analyse der Hintergründe zu veröffentlichen. Mit dieser Analyse helfe ich täglich Eltern und Kindern in meiner Praxis. Zu verstehen, was ich beschreibe, ist deshalb so wichtig, weil unsere Gesellschaft als Ganzes in Gefahr ist, wenn wir immer mehr Heranwachsende haben, die nicht im herkömmlichen Sinne arbeits- und beziehungsfähig sind. Entscheidend, um die Tragweite des Problems zu verstehen, ist auch, dass es sich um ein Phänomen handelt, das in allen Wohlstandsländern zu beobachten ist.

So entstand 2008 mein erstes Buch *Warum unsere Kinder Tyrannen werden. Oder: Die Abschaffung der Kindheit*, und ich bin froh, durch dieses wie auch durch meine weiteren Bücher eine wichtige, dringend notwendige Diskussion angestoßen zu haben.

In *Warum unsere Kinder Tyrannen werden* erkläre ich grundlegend meine Analyse der unbewusst veränderten Beziehungsebenen zwischen Kindern und Erwachsenen. Immer mehr Erzieherinnen und Erzieher in den Kindergärten, immer mehr Lehrerinnen und Lehrer an den Schulen, aber auch bereits Ausbilder, Chefinnen und Chefs in den Unternehmen klagen darüber, dass Kinder, Jugendliche und junge Erwachsene sich negativ verändert haben. Sie lassen grundlegende Eigenschaften wie Fleiß, Pünktlichkeit und Ehrlichkeit vermissen, und sie sind nicht in der Lage, sich auf andere Menschen einzustellen.

Noch vor zwanzig Jahren waren nicht-schulfähige Kinder in einer ersten Grundschulklasse die absolute Ausnahme. Heute ist in den meisten Klassen ein erheblicher Teil der Kinder aufgrund ihrer fehlenden psychischen Reife nicht wirklich lern- und leistungsbereit. Diese Kinder können dem Unterricht nicht folgen und setzen sich über Regeln und Anweisungen des Lehrers hinweg.

Ich stelle im Buch das Modell der drei Beziehungsstörungen vor: Partnerschaftlichkeit, Projektion sowie Symbiose. Anhand dieses Modells erkläre ich, wie sich die natürliche Beziehung zwischen Eltern und Kindern, aber auch zwischen Pädagogen und Kindern in einer Weise verändert hat, die den Kindern keine psychische Entwicklung mehr gestattet. Immer mehr Kinder, so meine Feststellung, agieren heute noch im Schulalter so, als seien sie auf einem Entwicklungsstand von zehn bis sechzehn Monaten. Anhand vieler Fallbeispiele zeichnet *Warum unsere Kinder Tyrannen werden* ohne jede Schuldzuweisung die Lage nach, wie sie 2007, als das Buch entstand, war und heute noch ist.

Suche nach Auswegen

Lag der Schwerpunkt meines ersten Buches noch rein auf der Analyse des Ist-Zustands, so merkte ich bald, dass das Interesse der Leser an Ideen, was zu tun sei, riesig war. Aus diesem Ansatz entstand das zweite Buch mit dem Titel *Tyrannen müssen nicht sein. Warum Erziehung alleine nicht reicht – Auswege.*

Dieses Mal stand also auch bei mir das Wörtchen »Erziehung« im Titel. Eines wollte ich damit deutlich machen: Ich gehe ein neues, in meinen Augen entscheidendes Thema an, das nichts mit der Frage des Erziehungsstils zu tun hat.

Zunächst verdeutliche ich die analysierten Beziehungsstörungen anhand verschiedener, unbewusst angelegter, innerer »Konzepte« vom Kind. »Kind als Kind« wäre das Konzept, das allen hilft, weil in diesem Konzept klar ist, dass Kinder liebevolle Anleitung und Begleitung brauchen und durch Erwachsene vor den Themen der Erwachsenenwelt geschützt werden müssen. Kinder als Kinder sehen, sie in ihrer Entwicklung liebevoll begleiten und dabei immer intuitiv als erwachsene Bezugsperson handeln – das ist die ideale Herangehensweise! Heute jedoch sehen immer mehr Erwachsene das Kind entweder als Partner, als Person, von der man als Erwachsener unbedingt geliebt werden will, oder gar als Teil des eigenen erwachsenen Selbst.

Tyrannen müssen nicht sein zeigt Strategien auf, die Auswege aus dieser Situation ermöglichen können. Das Buch legt dar, dass wir nicht machtlos vor dieser Entwicklung stehen, die dazu führt, dass Kinder keine Zukunft mehr haben.

Es zeigt uns aber auch, dass wir uns die Dramatik, die darin steckt, bewusst machen müssen, um gegensteuern zu können. Dieses Gegensteuern ist beispielsweise auch notwendig, um eine Entwicklung stoppen zu können, die sich besonders heftig zeigt, wenn Unternehmen Nachwuchs suchen.

Die Folgen für die Arbeitswelt

Im dritten Buch *Persönlichkeiten statt Tyrannen. Oder: Wie junge Menschen in Leben und Beruf ankommen* geht es deshalb um die Auswirkungen auf die Arbeitswelt. Dafür schaute ich mir gemeinsam mit meiner Koautorin Isabel Thielen die Folgen der fehlenden Entwicklung für die Berufswelt genauer an: Was passiert, wenn junge Menschen, die einen psychischen Entwicklungsstand von Kleinkindern haben, in den Beruf gehen? Und was können wir alle als Gesellschaft, was können Unternehmen tun, um den immer dringenderen Problemen zu begegnen?

Auch in diesem Buch präsentiere ich wieder viele Fallbeispiele. Chefs und Ausbilder erzählen, wie sie junge Berufseinsteiger heute empfinden. Sie berichten von Disco-Outfits bei Vorstellungsgesprächen, fehlendem Sinn für Pünktlichkeit oder extremen Mängeln bei der Beherrschung der grundlegenden Kulturtechniken.

Ich zeige auf, warum diese Erscheinungen mit den Beziehungsstörungen und der fehlenden psychischen Entwicklung von Kindern zu tun haben. Hier wird sehr deutlich, wohin wir steuern, wenn wir diese Probleme weiter verkennen, uns in gegenseitigen Schuldzuweisungen verrennen und eine in diesem Zusammenhang nicht erfolgversprechende Diskussion über Erziehungsstile führen.

Der Erwachsene im Katastrophenmodus

Blickten die ersten drei Bücher also schwerpunktmäßig auf die Kinder selbst, so fand ich es nun an der Zeit, die Erwachsenen gezielt in den Blick zu nehmen. In *Lasst Kinder wieder Kinder sein. Die Rückkehr zur Intuition* beschreibe ich, warum Erwachsene sich heute immer schwerer tun, Kinder einfach Kinder sein zu lassen. Wie kommt es zu den Beziehungsstörungen, warum kompensieren die Erwachsenen ihre immer größere Überforderung in einer immer komplexeren Welt über das Kind?

Die Ursache liegt in der Erfahrungswelt der Erwachsenen. Es gibt kaum noch objektive Sicherheit im Leben, alles erscheint als Bedrohung unserer Zukunft, und gleichzeitig überschwemmen uns die Medien tagtäglich mit schlechten Nachrichten, ohne dass wir sie noch filtern können. Diese Kombination hat unmittelbare Auswirkungen auf unsere Psyche. Diese reagiert ähnlich wie in einer realen Katastrophensituation: Das Gehirn schüttet Stresshormone aus, der Mensch ruht nicht mehr in sich selbst, sondern ist ausschließlich nach außen gerichtet, um sich und die Seinen vor den Auswirkungen der Katastrophe zu schützen.

In einer echten Katastrophe endet dieser biologisch sinnvolle Zustand, sobald die Katastrophe vorüber ist und wieder Normalität einkehrt. Doch die Katastrophe unserer Gegenwart endet nicht. In unserem Leben kehrt keine

Sicherheit ein, und der mediale Nachrichtenstrom fließt unerbittlich weiter. Die Folge ist eine Stabilisierung der Psyche im Katastrophenmodus, einfacher gesagt: Der Mensch verbleibt dauerhaft im Hamsterrad und reißt dabei alles mit sich, was ihm nahe ist.

Nah sind ihm vor allem die eigenen Kinder. Diese leiden unter dem Erwachsenen im Hamsterrad, der nur noch normal weiterleben kann, wenn er seine Defizite über die Kinder ausgleicht. Mit diesem Buch schlage ich den Bogen zu den Beziehungsstörungen und den Konzepten vom Kind.

Das Gesamtbild

All meine Bücher bauen aufeinander auf, sind jedoch auch voneinander unabhängig zu lesen und zu verstehen. Die jeweilige Darstellung nimmt immer wieder Bezug auf die Analysen in den anderen Werken und verdeutlicht so die vielfältigen Zusammenhänge, die hinter dem scheinbar eindeutigen Phänomen »ungezogenes Kind« stehen.

Meine Analyse soll Eltern, Großeltern, Erzieherinnen, Lehrern und allen, die mit Kindern zu tun haben, helfen, ohne Groll auf kindliches Fehlverhalten zu reagieren. Sie soll ihnen bewusst machen, dass jeder von uns in der heutigen Zeit in Gefahr ist, Defizite über Kinder zu kompensieren. Und sie soll ermöglichen, Auswege zu finden, damit unsere Kinder eine Chance haben, ihre emotionale und soziale Psyche altersgemäß zu entwickeln.

Ich sorge mich zutiefst um die Zukunft unserer Kinder und lege deshalb den Finger in die Wunde. Immer mehr

Kinder und Jugendliche brauchen Hilfe und Unterstützung, damit sie nicht Opfer unserer Zeit werden und keine lebenswerte Zukunft haben. Noch sind wir Erwachsenen in der Lage, durch geeignete Maßnahmen das Ruder herumzureißen und die Katastrophe, die in der nahen Zukunft auf uns zukommt, aufzuhalten. Doch um das zu erreichen, müssen wir alle aktiv werden: Eltern, Großeltern, Erzieher, Lehrer und Ausbilder. Ich kann mit meinen Analysen den Schlüssel bieten und die Hintergründe aufzeigen. Die Umsetzung und damit die Rettung unserer Kinder und unser aller Zukunft liegt jedoch bei den Erwachsenen – bei Eltern, Erzieherinnen, Lehrerinnen und Lehrern. Jeder Einzelne muss handeln, und zwar rasch.

Aus diesem Bewusstsein heraus ist auch das vorliegende Buch entstanden. Hoffentlich gelingt es mir, mit der Darstellung der Situation aus der Sicht des Kindes dazu beizutragen, dass wir irgendwann nicht mehr »SOS Kinderseele« funken müssen.

Quellennachweise

1 Familie verkommt zum Hotel – Eltern zu Glücksbringern. Focus Online http://www.focus.de/schule/familie/erziehung/tid-30572/focus-online-leser-ueber-unglueckliche-jugendliche-familie-verkommt-zum-hotel-eltern-zu-materiellen-gluecksbringern_aid_959294.html. Letzter Abruf: 5.7.2013)
2 »Viel Wissen geht verloren«. Interview mit dem Neurobiologen Gerhard Roth. In: Focus 16/2013. S. 132
3 Siems, Dorothea: Immer Stress mit der Schule. In: WELT Kompakt Nr. 8, 24.02.2013, S. 4
4 Wippermann, Katja, Carsten Wippermann, Andreas Kirchner: Eltern – Lehrer – Schulerfolg. Wahrnehmungen und Erfahrungen von Eltern und Lehrern im Schulalltag. Lucius Verlag 2013
5 Wippermann u.a.: Eltern – Lehrer – Schulerfolg, S. 361
6 a.a.O., S. 361
7 a.a.O., S. 361 f.
8 Oldenburg, Ines, Monika Zeugner, Carolin Würtz: Kindern das Wort geben. Die Kita als Lernort für Demokratie. In: kindergarten heute 1/2013, S. 29
9 Spiewak, Martin: Bitte schön spießig. ZEIT online

31.3.2013 http://www.zeit.de/2013/13/Generationen-Harmonische-Familien. Letzter Abruf: 17.7.2013
10 http://www.grundschulservice.de/Elternbrief%20 Nr.%2013.htm. Letzter Abruf: 17.7.2013
11 Hackenbroch, Veronika und Rafaela von Bredow: Die neue Schlechtschreibung. In: Spiegel 25/2013, S. 96 ff.
12 Bartsch, Matthias, u. a.: Plattgepaukt. In: Spiegel 17/2013, S. 32 ff.
13 Schmoll, Heike: Üben, üben, üben. FAZ 15.10.2012. http://www.faz.net/aktuell/politik/inland/g8-und-g9-ueben-ueben-ueben-11926940.html. Letzter Abruf: 17.7.2013
14 a.a.O.
15 Bartsch, Matthias, u.a.: Plattgepaukt, a.a.O.
16 a.a.O.

Register

A
Adler, Alfred 29

B
Behandlung, medikamentöse 11, 28
Berufsschule 170 ff.
Beziehungsstörungen, unbewusste, zw. Erwachsenen und Kindern 10, 14, 28, 113
Bezugspersonen
– Eltern/Großeltern 38 f., 44, 46, 65 ff., 70, 86 f., 102, 106 ff., 147 ff., 152 ff., 201 ff.
– Mütter als »Hilfslehrer« 66 f.
– Erzieherinnen (Kindergarten) 38 ff., 61, 79 ff., 82 ff., 85 ff., 88 ff., 91, 94 ff., 98 ff., 162, 159 f., 186 f.
– Lehrer/Lehrerinnen (Grundschule) 41 ff., 57 f., 61 f., 68 ff., 114 ff., 118 ff., 122 ff., 126 f., 128 f., 130 ff., 143 ff., 156
Burn-out (Lehrer/Lehrerinnen) 25 f., 77, 145

D
Denken, perspektivisches 46 f., 102
Denkverbote (Bildungspolitik/Erziehungswissenschaften) 49 ff.
DESI (Schulleistungsstudie) 167 f.
Disharmonie, familiäre 110 ff.

219

Doppelblindstudie
Pädagogik 163
»DSM« (*Diagnostisches und Statistisches Manual Psychischer Störungen*), 25 ff.

E
Eltern/Großeltern siehe Bezugspersonen
emotionale und soziale Entwicklung
– Förderung 15, 150 f., 182
– Kompetenz 10, 14, 60, 62, 64, 207
– Nicht-/Unterentwicklung 19, 64, 106, 136, 196, 207, 204, 207
– Psyche 14 f., 27, 47, 137, 139, 141 f., 153 f., 157 f., 188, 207
Empathie 9, 14 f., 105, 125
Entwicklung, emotionale und soziale siehe emotionale und soziale Entwicklung
Entwicklungspyramide (siehe auch Wahrnehmung, kindliche) 30 f., 34 ff., 82, 120, 139

Erikson, Erik H. 29
Erzieherinnen siehe Bezugspersonen

F
Focus (Magazin) 18
Förder- und Regelschule 133 ff.
Frances, Allen 25
Frankfurter Allgemeine Zeitung 175 f.
»freies Lernen« siehe Grundschule, Lernkonzepte
Fremdbestimmung 36, 127 f.
Freud, Sigmund 29
Frühförderung 161
– Frankreich 161

G
G8 (Schulreform) 174 ff., 178
Grundschule, Lernkonzepte 130 ff.
– »freies Lernen« 128 f.
– »Freies Schreiben« 165
– Gruppentische 130, 132
– Integrationsklasse 193
– Lerntheke 130 f., 185

– »Lesen durch Schreiben« 164f., 167, 185
– »Rechtschreibwerkstatt« 164

H
Harmoniesucht, familiäre 106ff.
Hikkikomori (Japan) 16
Hirnforschung 56ff.

I
Ideologie (im Bildungswesen) 184ff.
Inklusion 193
Integrationsklasse siehe Grundschule, Lernkonzepte
Internalisierung 42
Internat (UK) 204ff.

J
Jung, Carl Gustav 29

K
Katastrophenmodus siehe Psyche, Katastrophenmodus
»Kind als Partner« siehe Selbstständigkeit/-bestimmung
Kinder, verhaltens-(lern-)auffällige 10f., 14, 27, 97, 99, 114ff., 145, 193f., 209
– Nachreifung 145ff., 173
Kindergärten 38ff., 79ff., 83ff., 86ff., 90, 103f., 186f.
– Lernkonzepte 80ff., 88f., 103ff.
– »Cafés« 81f.
– NRW 88ff.
– Partizipation 93f., 195
– »Partizipative Pädagogik« 90f., 93, 195
– Rheinland-Pfalz 93
Kompetenz, emotionale und soziale siehe emotionale und soziale Kompetenz

L
Lasst Kinder wieder Kinder sein (Buch, M. Winterhoff) 26, 151, 214
Lehrer/Lehrerinnen siehe Bezugspersonen
Lehrer/Lehrerinnen und

Eltern, Beziehung/
Verhältnis 73 ff., 116 ff.,
120 ff., 197 f.
Lese-Rechtschreib-
Schwächen/-störungen
165 ff., 168 ff., 179 f.
Leyen, Ursula von der 159,
161

M
»Motivation, intrinsische«
126, 155

N
Nicht-Entwicklung, emotionale und soziale siehe emotionale und soziale Nicht-Entwicklung

P
Persönlichkeiten statt Tyrannen
(Buch, M. Winterhoff)
12, 173, 213 f.
Piaget, Jean 29
Problemeinsicht siehe
Unrechtsbewusstsein,
mangelndes
Psyche, emotionale und
soziale siehe emotionale
und soziale Psyche

Psyche
– Katastrophenmodus
26 f., 61, 108, 214 f.
– menschliche, emotionale und soziale Entwicklung 25, 45, 123
Psychopharmaka siehe
Behandlung, medikamentöse

R
Reichen, Jürgen 164
Richter, Dagmar 104
Roth, Gerhard 58

S
Schröder, Gerhard 75
Schründer-Lenzen, Agi 165
Schulen, weiterführende
174 ff.
Selbstständigkeit/-bestimmung 82 f., 127
Sommer-Stumpenhorst,
Norbert 164
Spiegel, Der 167, 174, 178 ff.
Symbiose, Eltern/Erwachsene/Kinder 23, 76, 107,
114, 119 f., 136, 149 ff.,
156, 201, 211

T

Tyrannen müssen nicht sein (Buch, M. Winterhoff) 90, 101, 212 f.

U

Universitäten, mangelnde Studierfähigkeit 178 ff.
Unrechtsbewusstsein, mangelndes 8 f., 15, 20, 141

V

Verantwortung, Verlagerung der 62 f.
Verantwortungslosigkeit, positive (der Kinder) 63, 92
Verhaltensauffälligkeit siehe Kinder, verhaltensauffällige
Volksschulen (Österr.) 52 ff.
Vorschuljahr 192 f.

W

Wahrnehmung, kindliche (siehe auch Entwicklungspyramide) 30 ff., 34 ff., 124 ff., 144, 146 f.
Warum unsere Kinder Tyrannen werden (Buch, M. Winterhoff) 10, 63, 210 f.
Welt am Sonntag 65 f., 68 ff.,
Wertschätzung (pädagogisches Personal) 73, 77, 188
Winnicott, Donald Woods 29
Wolf, Gerhard 178 ff.

Z

Zeit, Die 106 f.